Delfin

Glossar Deutsch – Französisch
Glossaire Allemand – Français

Lehrwerk
für
Deutsch als Fremdsprache

bearbeitet von
Marie-Lys Wilwerth-Guitard

D1721260

Max Hueber Verlag

€ 3. 2. 1. | Die letzten Ziffern
2006 05 04 03 02 | bezeichnen Zahl und Jahr des Druckes.
Alle Drucke dieser Auflage können, da unverändert,
nebeneinander benutzt werden.
1. Auflage
© 2002 Max Hueber Verlag, D-85737 Ismaning
Umschlaggestaltung: Peer Koop, München
Druck und Bindung: Druckhaus am Kitzenmarkt, Augsburg
Printed in Germany
ISBN 3-19-171601-7

Lektion 1

auf Wiedersehen   *au revoir*
e Blume, -n   *la fleur*
r Bus, -se   *le bus / l'autobus*
danke   *merci*
die   *la*
du   *tu / toi*
e Frau, -en   *la femme*
für   *pour*
r Geldautomat, -en   *le distributeur de billets*
gut   *bien / bon*
guten Tag   *bonjour*
hallo   *hello / salut*
halt   *stop*
heißen   *s'appeler*
  Wie heißen Sie?   *Comment vous appelez-vous ?*
  Ich heiße Claus.   *Je m'appelle Claus.*
r Herr, -en   *le monsieur*
herzlich   *cordialement / chaleureuse-ment*
s Hotel, -s   *l'hôtel*
ich   *je / moi*
Information   *information*
e Mama, -s   *la maman*
nein   *non*
oh   *oh*
Pfui!   *Pouah!*
e Reise, -n   *le voyage*
  Gute Reise!   *Bon voyage !*
r Saft, ̈e   *le jus de fruit*
Sie   *vous (forme de politesse)*
r Tag, -e   *le jour / la journée*
s Taxi, -s   *le taxi*
s Telefon, -e   *le téléphone*
tschüs   *salut!*
und   *et*
e Verzeihung   *l'excuse / le pardon*
wie   *comme / comment*
willkommen   *bienvenu(e)*
  Herzlich willkommen.   *Soyez la bien-venue.*

acht   *huit*
s Baby, -s   *le bébé*
das   *le (neutre)*
der   *le (masculin)*
drei   *trois*
eins   *un*
ergänzen   *compléter*
fünf   *cinq*
r Junge, -n   *le garçon*
s Mädchen, -   *la fille*
neun   *neuf*
notieren   *noter / prendre note*
e Nummer, -n   *le numéro*
ordnen   *ordonner / classer*
r Plural, -e   *le pluriel*
e Polizistin, -nen   *la policière*
r Reporter, -   *le reporter*
e Sängerin, -nen   *la chanteuse*
sechs   *six*
sieben   *sept*
r Singular, -e   *le singulier*
r Tourist, -en   *le touriste*
e Touristin, -nen   *la touriste*
e Verkäuferin, -nen   *la vendeuse*
vier   *quatre*
zehn   *dix*
zwei   *deux*
r Zwilling, -e   *le jumeau*

aber   *mais*
r Bahnhof, ̈e   *la gare*
den   *le (accusatif)*
ein   *un (article)*
er   *il (masculin)*
es   *il / elle (neutre)*
gehen   *s'en aller*
  Die Frau geht.   *La femme s'en va.*
jung   *jeune*
kommen   *arriver / venir*
  Ein Zug kommt.   *Un train arrive.*
r Kuss, ̈e   *le baiser*
lachen   *rire*
lesen   *lire*

r Mann, ¨er *l'homme*
r Mensch, -en *l'homme (terme
 générique)*
reisen *voyager*
sagen *dire*
 er sagt *il dit*
ist → sein   est → être
 Sie ist jung. *Elle est jeune.*
sie (sgl) *elle*
sie (pl) *ils / elles*
sind → sein   sont → être
 Sie sind verliebt. *Ils sont amoureux.*
r Text, -e *le texte*
 Lesen Sie den Text. *Lisez le texte.*
verliebt *amoureux*
weinen *pleurer*
wer *qui*
 Wer ist der Mann? *Qui est l'homme ?*
winken *faire un signe*
wo *où*
wohnt → wohnen   habite → habiter
 Wo wohnt er? *Où habite-t-il ?*
r Zug, ¨e *le train*

Seite 11
---

allein *seul*
arbeite → arbeiten   travaille → travailler
 ich arbeite *je travaille*
auch *aussi*
bald *bientôt*
bin → sein   suis → être
 Ich bin traurig. *Je suis triste.*
bist → sein   es → être
 Du bist nicht da. *Tu n'es pas là.*
da sein *être là*
dich *te / toi*
falsch *faux*
glücklich *heureux*
hörst → hören   entends / écoutes →
 entendre / écouter
 Hörst du Musik? *Tu écoutes de la
 musique ?*
in *à / dans*
in Frankfurt *à Francfort*
s Klavier, -e *le piano*

lebe → leben   vis → vivre
 Ich lebe in Wien. *Je vis à Vienne.*
lieb *cher*
 Liebe Sara … *Chère Sara …*
lieben *aimer*
 Ich liebe dich! *Je t'aime !*
machst → machen   fais → faire
 Was machst du? *Que fais-tu ? /
 Qu'est-ce que tu fais ?*
e Musik *la musique*
nicht *pas*
oder *ou / ou bien*
richtig *exact / juste*
schicke → schicken   envoie → envoyer
 Ich schicke Blumen. *J'envoie des
 fleurs.*
schreibe → schreiben   écris → écrire
 ich schreibe *j'écris*
spiele → spielen   joue → jouer
 Ich spiele Klavier. *Je joue du piano.*
träume → träumen   rêve → rêver
 ich träume *je rêve*
traurig *triste*
e Vergangenheit *le passé*
wann *quand*
wartest → warten   attends → attendre
 Wartest du? *Tu attends ?*
was *que*
Was machst du? *Que fais-tu ? /
 Qu'est-ce que tu fais ?*
e Zukunft *l'avenir*

Seite 12
---

aha *ah !*
alt *âgé / vieux*
 Wie alt ist …? *Quel âge a … ?*
am Bahnhof → an *à la gare → à*
am Bahnhof *à la gare*
dein *ton*
denn *donc*
 Was ist das denn? *Qu'est-ce que c'est
 donc ? / Qu'est-ce que c'est que ça ?*
dort *là*
r Fahrkartenautomat, -en *le distributeur
 de tickets*

s Foto, -s *la photo*
s Gespräch, -e *la conversation / l'entretien*
hier *ici*
s Kamel, -e *le chameau*
kaputt *cassé*
kein *pas de*
s Kind, -er *l'enfant*
Kinder (pl) *les enfants*
r Krankenwagen, - *l'ambulance*
los *allez !*
mal *donc*
sag mal *dis donc*
mein *mon*
Nr. → Nummer *N° → numéro*
passt → passen *va ensemble / convient → aller / convenir*
Was passt? *Qu'est-ce qui va ensemble ?*
s Polizeiauto, -s *la voiture de police*
s Radio, -s *la radio*
r Satz, ⸚e *la phrase*
r Sohn, ⸚e *le fils*
e Tochter, ⸚ *la fille*
r Unfall, ⸚e *l'accident*
Welche ...? *Laquelle ... ?*
Wie geht's? *Comment ça va ?*

Seite 13

s Auto, -s *l'auto / la voiture*
r Ball, ⸚e *la balle / le ballon*
bitte *s'il vous plaît*
e Fahrkarte, -n *le billet / le ticket / le titre de transport*
e Flasche, -n *le biberon*
s Gepäck *le(s) bagage(s)*
Ihr *votre (pr. poss. nominatif, forme de politesse)*
Das ist Ihr Koffer. *C'est votre valise.*
ihr *son / sa (pr. poss. 3e pers. sing. fém.)*
Ihr Auto ist kaputt. *Sa voiture (à elle) est cassée.*
ihr *leur (pr. poss. nominatif, 3e pers. plur.)*

Ihre Fahrkarten sind da. *Leurs billets sont là. / Voilà leurs billets.*
r Koffer, - *la valise*
komplett *au complet*
e Mutter, ⸚ *la mère*
sein *son / sa (pr. poss. 3e pers. sing. masc.)*
Sein Ball ist da. *Son ballon (à lui) est là.*
So! *Voilà !*
e Tasche, -n *le sac*
von *de*
der Ball von Uwe *le ballon de Uwe*

Seite 14

achtzig *quatre-vingt(s)*
s Alphabet, -e *l'alphabet*
bis *à / jusqu'à*
von 0 bis 100 *de 0 à 100*
r Buchstabe, -n *la lettre (de l'alphabet)*
buchstabieren *épeler*
dreißig *trente*
elf *onze*
fünfzig *cinquante*
r Gruß, ⸚e *le salut*
hundert *cent*
küssen *embrasser*
nach·sprechen *répéter*
Sprechen Sie nach. *Répétez.*
neunzig *quatre-vingt-dix*
null *zéro*
e Polizei *la police*
schön *bien / beau*
sechzig *soixante*
siebzig *soixante-dix*
Thailand *la Thaïlande*
r Verkäufer, - *le vendeur*
vierzig *quarante*
s Wort, ⸚er *le mot*
e Zahl, -en *le chiffre / le nombre*
zwanzig *vingt*
zwölf *douze*

Seite 15

alt *vieux / âgé*
  Wie alt sind die Personen? *Quel âge ont les personnes ?*
betont *accentué*
e Betonung, -en *l'accentuation*
e Großmutter, ⁝ *la grand-mère*
r Großvater, ⁝ *le grand-père*
r Hund, -e *le chien*
s Jahr, -e *l'an / l'année*
Mein Hund ist ... Jahre alt. *Mon chien a ... ans.*
r Lehrer, - *le professeur*
markieren *marquer*
morgen *demain*
e Person, -en *la personne*
r Vater, ⁝ *le père*

Seite 16

Hamburg *Hambourg*
Berlin *Berlin*
Wien *Vienne*
Salzburg *Salzbourg*
München *Munich*
Zürich *Zurich*
Stuttgart *Stuttgart*

Seite 17

an *à*
  Postkarte an Ingrid. *Carte postale à Ingrid.*
angenehm *agréable*
auf *en*
  auf Europareise *en voyage à travers l'Europe*
r Dienstag, -e *mardi*
r Donnerstag, -e *mercredi*
fantastisch *fantastique*
folgend *suivant*
  die folgenden Informationen *les informations suivantes*
r Freitag, -e *vendredi*
freundlich *amical(ement)*
herrlich *formidable*

heute *aujourd'hui*
e Information, -en *l'information*
interessant *intéressant*
können *pouvoir*
Sie können die folgenden Informationen verwenden. *Vous pouvez utiliser les informations suivantes.*
Leute (pl) *les gens*
r Mittwoch *mercredi*
r Montag, -e *lundi*
nett *gentil*
  ... die Leute sind nett. *... les gens sont gentils.*
nicht so gut *pas si bien*
r Ort, -e *le lieu / l'endroit*
e Postkarte, -n *la carte postale*
prima *super*
r Samstag, -e *samedi*
scheußlich *affreux*
schlecht *mauvais*
r Sonntag, -e *dimanche*
e Stadt, ⁝e *la ville*
sympathisch *sympathique*
toll *formidable / sensationnel*
verwenden *utiliser*
viele *nombreux / beaucoup / bien des*
  Viele Grüße ... *Bien des choses à ...*
s Wetter *le temps*
wunderbar *merveilleux*

Lektion 2

Seite 18

antworten *répondre*
e Ärztin, -nen, *le médecin (femme)*
aus *de*
  aus Kopenhagen *de Copenhague*
r Beruf, -e *le métier / la profession*
  Was sind Sie von Beruf? *Quel est votre métier ? / Quelle est votre profession ?*
r Computer, - *l'ordinateur*
e Familie, -n *la famille*
r Fotograf, -en *le photographe*

fragen *demander*
r Freund, -e *l'ami*
gern *volontiers*
haben *avoir*
  Sie haben Zwillinge. *Ils ont des jumeaux.*
s Hobby, -s *le hobby*
  Was ist Ihr Hobby? *Quel est votre hobby ?*
e Katze, -n *le chat*
kochen *faire la cuisine*
links *à gauche*
r Mathematiklehrer, - *le professeur de mathématiques*
rechts *à droite*
e Sportlehrerin, -nen *le professeur (femme) d'éducation physique*
surfen *surfer*
telefonieren *téléphoner*
s Tennis *le tennis*
unser *notre*
wir *nous*
woher *d'où*
  Woher kommen Sie? *D'où venez-vous ?*
zur → zu *à / avec*
  Was passt zur Familie links? *Qu'est-ce qui va avec la famille de gauche ?*
Wie alt sind Ihre Kinder? *Quel âge ont vos enfants ?*

Seite 19

bequem *confortable*
erst *seulement*
euer *votre*
ihr *vous*
ja *oui*
ja natürlich *oui bien sûr*
lange *longtemps*
  Seid ihr schon lange hier? *Êtes-vous ici depuis déjà longtemps ?*
e Luftmatratze, -n *le matelas pneumatique*
Na ja. *Ben oui !*
nass *mouillé*

packen *plier bagage*
s Problem, -e *le problème*
sauber *propre*
r Schlafsack, ̈e *le sac de couchage*
schon *déjà*
spinnen, spinnt, sponn, hat gesponnen *être cinglé*
trocken *sec*
warum *pourquoi*
  Warum denn? *Pourquoi donc ?*
Wie bitte? *Pardon ?*
wohl *complètement*
  Ihr spinnt wohl! *Vous êtes complètement cinglé !*
s Zelt, -e *la tente*

Seite 20

r Ballon, -s *le ballon*
r Bart, ̈e *la barbe*
bei *près de*
  bei Dresden *près de Dresden*
s Bier, -e *la bière*
blind *aveugle*
brauchen *avoir besoin*
dann *alors / ensuite*
denken *penser*
erkennen *reconnaître / avouer*
etwa *à peu près / environ*
r Familienname, -n *le nom de famille / le nom patronymique*
fleißig *consciencieusement*
r Frisör, -e *le coiffeur*
s Geld *l'argent*
geschieden *séparé / divorcé*
s Gesicht, -er *le visage*
s Haar, -e *le(s) cheveu(x)*
immer *toujours*
kann → können *peut → pouvoir*
  Sie kann ein Rad wechseln. *Elle peut changer une roue.*
Kein Problem! *Pas de problème !*
e Kohlensäure *l'acide carbonique*
e Krankenschwester, -n *l'infirmière*
r Kunststudent, -en *l'étudiant en art*
ledig *célibataire*

r Luftballon, -s   *le ballon*
meinen   *penser / estimer*
s Mineralwasser, -   *l'eau minérale*
e Minute, -n   *la minute*
mit   *avec*
r Möbeltischler, -   *l'ébéniste*
na dann   *alors*
normalerweise   *normalement*
ohne   *sans*
platzen, ist geplatzt   *éclater, a éclaté*
pro   *par*
Prost!   *À ta (votre) santé !*
s Rad, ̈er   *la roue*
rasieren   *raser*
e Reifenpanne, -n   *le pneu crevé / la crevaison*
r Rekord, -e   *le record*
schaffen   *réussir*
schneiden   *couper*
  Haare schneiden   *couper les cheveux*
schnell   *vite / rapidement*
  … er kann … auch sehr schnell Luftballons rasieren.   *… il peut aussi raser très vite des ballons.*
sehr   *très*
e Sekunde, -n   *la seconde*
e Sorte, -n   *la sorte*
studieren   *étudier*
trainieren   *s'entraîner*
trinken   *boire*
trotzdem   *malgré tout*
verdienen   *gagner (argent)*
verheiratet   *marié*
vielleicht   *peut-être*
r Vorname, -n   *le prénom*
s Wasser   *l'eau*
wechseln   *changer*
  ein Rad wechseln   *changer une roue*
r Wein, -e   *le vin*
r Weltrekord, -e   *le record mondial / du monde*
zeichnen   *dessiner*
e Zeichnung, -en   *le dessin*
zufrieden   *content / satisfait*

Seite 21

s Alter   *l'âge*
r Familienstand   *la situation de famille*
hoch   *haut*
rechnen   *compter*
reiten   *faire du cheval*
schlecht   *mauvais*
  Die Zeichnungen sind schlecht.   *Les dessins sont mauvais.*
schwimmen   *nager*
singen   *chanter*
springen   *sauter*
tauchen   *plonger*
tief   *profond(ément)*
r Wohnort, -e   *le lieu de résidence*

Seite 22

r Apfel, ̈   *la pomme*
genau   *exactement*
s Gramm   *le gramme*
e Karotte, -n   *la carotte*
e Kartoffel, -n   *la pomme de terre*
s Kilo, -(s)   *le kilo*
s Pfund, -e   *la livre*
r Pilz, -e   *le champignon*
e Reihenfolge, -n   *la série / la suite*
tausend   *mille*
e Tomate, -n   *la tomate*
wie viel   *combien*
wiegen   *peser*
  Wie viel wiegt das?   *Combien ça pèse ?*
e Zwiebel, -n   *l'oignon*

Seite 23

e Adresse, -n   *l'adresse*
bestellen   *commander*
diese   *ces*
  Diese Sätze sind falsch.   *Ces phrases sont fausses.*
Eltern (pl)   *les parents*
e Freundin, -nen   *l'amie*
r Geburtstag, -e   *l'anniversaire*
Großeltern (pl)   *les grands-parents*

im → in   à
s Kaufhaus, ¨er   le grand magasin
  im Kaufhaus   au grand magasin
r Komponist, -en   le compositeur
korrigieren   corriger
e Lösung, -en   la solution
r Nachname, -n   le nom
e Pizza, Pizzas   la pizza
r Pizza-Express   la pizza express
s Quiz, -   le jeu
  Radioquiz   jeu radiophonique
weg   parti

Seite 24

groß   grand
e Matratze, -n   le matelas
natürlich   naturellement
schneiden   couper
  Zwiebeln schneiden   couper / émincer des oignons
schnell   vite / rapide(ment)
e Schwester, -n   la soeur
spielen   jouer
r Tischler, -   le menuisier
r Zischlaut, -e   la (consonne) sifflante / chuintante

Seite 25

Ach!   Ah !
Ach so.   Ah, bon !
Australien   l'Australie
Deutschland   l'Allemagne
Frankreich   la France
freuen   être content / être ravi
  Freut mich.   Très content / ravi.
Ghana   le Ghana
Großbritannien   la Grande-Bretagne
guten Abend   bonsoir
guten Morgen   bonjour
Indien   l'Inde
Italien   l'Italie
Japan   le Japon
Kanada   le Canada
mich   me / moi

möchte → möchten   voudrais → vouloir
  (désirer)
ich möchte, er/sie/es möchte   je voudrais bien, il/elle voudrait bien
e Reportage, -n   le reportage
Russland   la Russie
Spanien   l'Espagne
Südafrika   l'Afrique du Sud
Tag!   Bonjour !
übrigens   à propos
variieren   varier

Seite 26

aus·füllen   remplir
s Deutsch   l'allemand
deutsch   allemand
r/e Deutsche, -n   l'Allemand(e)
  ein Deutscher   un Allemand
e E-Mail, -s   l'e-mail
  E-Mail-Adresse   l'adresse e-mail
r Einwohner, -   l'habitant
e Einwohnerin, -nen   l'habitante
s Fax, -e   le fax / la télécopie
e Faxnummer, -n   le numéro de fax / de télécopie
s Formular, -e   le formulaire
geboren   né
r Geburtsort, -e   le lieu de naissance
s Geschlecht, -er   le sexe
e Informatikerin, -nen   l'informaticienne
r Installateur, -e   l'installateur
s Land, ¨er   le pays
männlich   masculin
r Name, -n   le nom
Österreich   l'Autriche
r Österreicher, -   l'Autrichien
e Österreicherin, -nen   l'Autrichienne
österreichisch   autrichien
e Sekretärin, -nen   la secrétaire
e Staatsangehörigkeit, -en   la nationalité
e Straße, -n   la rue
e Telefonnummer, -n   le numéro de téléphone
r Tscheche, -n   le Tchèque

Tschechien *la République tchèque*
e Tschechin, -nen *la Tchèque*
tschechisch *tchèque*
Tunesien *la Tunisie*
r Tunesier, - *le Tunisien*
e Tunesierin, -nen *la Tunisienne*
tunesisch *tunisien*
weiblich *féminin*

s Surfen *le surf*
surfen *surfer / faire du surf*
s Tauchen *la plongée*
tauchen *plonger*
Tel. → Telefon *tél.* → *téléphone*
verstehen *comprendre*
Ich verstehe auch Spanisch. *Je comprends aussi l'espagnol.*

Seite 27

als *comme / en tant que / au poste de*
als Animateur *comme animateur*
e Angabe, -n *l'indication*
r Animateur, -e *l'animateur*
e Animateurin, -nen *l'animatrice*
e Bewerbung, -en *la candidature*
Bewerbung als Animateur
candidature au poste d'animateur
r Delfin, -e *le dauphin*
s Englisch *l'anglais*
englisch *anglais*
s Französisch *le français*
französisch *français*
geehrt *honoré*
Sehr geehrte Frau ... *Madame (personne que l'on respecte)*
Sehr geehrter Herr ... *Monsieur (personne que l'on respecte)*
s Gewicht, -e *le poids*
e GmbH, -s *la SARL*
e Größe, -n *la taille*
kg *kg*
s Kilogramm *le kilogramme*
leider *malheureusement*
Medizin studieren *faire médecine*
r/s Meter, - *le mètre*
mit freundlichen Grüßen *salutations*
noch nicht *pas encore*
s Segeln *la navigation (à voile)*
segeln *faire de la voile*
s Spanisch *l'espagnol*
spanisch *espagnol*
r Sport *le sport*
e Sprache, -n *la langue*
suchen *(re)chercher*

Seite 28

r Akkusativ, -e *l'accusatif*
e Ansichtskarte, -n *la carte postale*
e Batterie, -n *la pile*
s Beispiel, -e *l'exemple*
e Briefmarke, -n *le timbre*
r Deckel, - *le couvercle*
s Feuerzeug, -e *le briquet*
r Film, -e *le film*
finden *trouver*
r Fotoapparat, -e *l'appareil photo*
e Gabel, -n *la fourchette*
r Hammer, ¨ *le marteau*
e Kerze, -n *la bougie*
e Küchenuhr, -en *la pendule de cuisine*
s Messer, - *le couteau*
r Moment, -e *le moment*
Moment! *Un moment ! / Une minute !*
r Nagel, ¨ *le clou*
r Nominativ, -e *le nominatif*
r Schuh, -e *la chaussure*
r Strumpf, ¨e *la chaussette*
s Telefonbuch, ¨er *l'annuaire des téléphones*
r Topf, ¨e *la marmite*
weg *plus là*
weg sein *n'être plus là*
weitere *d'autres*
Finden Sie weitere Beispiele. *Trouvez d'autres exemples.*
zusammen·passen *aller ensemble*

Seite 29

r Gummistiefel, -   *la botte en caout-
    chouc*
keinen   *pas de*
    Er hat keinen Regenschirm.   *Il n'a pas
    de parapluie.*
r **Mantel, ⁝**   *le manteau*
e Münze, -n   *la monnaie*
s **Pflaster, -**   *le pansement / le spara-
    drap*
r Regenschirm, -e   *le parapluie*
e Sonnenbrille, -n   *les lunettes de soleil*
s Taschentuch, ⁝er   *le mouchoir*
e **Telefonkarte, -n**   *la carte de télépho-
    ne / la télécarte*

Seite 30

andere   *autre(s)*
auch nicht   *non plus*
s **Bad, ⁝er**   *la salle de bains*
bedeuten   *signifier*
s **Bett, -en**   *le lit*
e **Biologie**   *la biologie*
s **Buch, ⁝er**   *le livre*
deshalb   *c'est pourquoi*
s **Ding, -e**   *la chose / le truc*
eigentlich   *à vrai dire*
r **Fernseher, -**   *la télévision / le poste
    de télévision*
finden   *trouver*
    Möbel findet er nicht wichtig.   *Les
    meubles, il ne trouve pas ça important.*
s Fotoarchiv, -e   *les archives photogra-
    phiques*
e Fotografin, -nen   *la photographe*
s Fotolabor, -s/-e   *le laboratoire photo*
e **Freiheit, -en**   *la liberté*
r Gaskocher, -   *le réchaud à gaz*
gibt → geben   *a → avoir*
    es gibt   *il y a*
r Geschirrspüler, -   *le lave vaisselle*
Griechenland   *la Grèce*
s **Haus, ⁝er**   *la maison*
im → in   *dans / en*
    im Sommer   *en été*

jeder   *chaque*
e Kajüte, -n   *la cabine*
e **Kamera, -s**   *l'appareil photo*
e **Kiste, -n**   *la caisse*
kosten   *demander / prendre (fig.)*
    ... kosten viel Zeit   *... demander /
    prendre beaucoup de temps*
s Krokodil, -e   *le crocodile*
s **Leben**   *la vie*
r Lebensstil, -e   *le mode de vie*
r Luxus   *le luxe*
manche   *plusieurs / nombre de / bien
    des*
e **Maus, ⁝e**   *la souris*
mehr   *plus / davantage*
    Mehr braucht sie nicht.   *Elle n'a pas
    besoin de plus.*
r Mini-Kühlschrank, ⁝e   *le mini-réfrigéra-
    teur*
s Mobiltelefon, -e   *le téléphone mobile /
    le portable*
Möbel (pl), -   *les meubles*
s **Motorrad, ⁝er**   *la moto*
e Musikerin, -nen   *la musicienne*
nur   *seulement*
paar   *quelques*
    ein paar Kisten   *quelques caisses*
r **Platz, ⁝e**   *la place*
    nicht viel Platz   *pas beaucoup de
    place*
rauchen   *fumer*
r **Rest, -e**   *le reste*
s Schlafzimmer, -   *la chambre*
e Schlange, -n   *le serpent*
r **Schreibtisch, -e**   *le bureau / la table
    de travail*
s Segelboot, -e   *le voilier*
selten   *rare(ment)*
so   *si*
    nicht so wichtig   *pas si important*
r Sommer, -   *l'été*
    im Sommer   *en été*
e Sozialarbeiterin, -nen   *la travailleuse
    sociale*

spannend *captivant / palpitant / passionnant*
e **Spinne, -n** *l'araignée*
stimmen *être vrai*
   Stimmt nicht. *Ce n'est pas vrai.*
s **Tier, -e** *l'animal*
r **Tisch, -e** *la table*
unbedingt *absolument*
e **Unterhaltung, -en** *le divertissement*
viel *beaucoup*
   viel Zeit *beaucoup de temps*
r **Wagen, -** *la voiture*
wenig *peu*
wichtig *important*
r Winter, - *l'hiver*
e **Wohnung, -en** *l'appartement*
e **Zeit, -en** *le temps*
s **Zimmer, -** *la pièce*
r **Zoo, -s** *le zoo*
zu Hause *chez soi*
s **Zuhause** *le chez-soi*
zum → zu *par*
   zum Beispiel *par exemple*
zurzeit *en ce moment*

Seite 31

anders *autrement*
formulieren *formuler*
fotografieren *photographier*
gerne *volontiers*

Seite 32

ab *à partir de*
s **Besteck, -e** *le couvert*
r Euro, -s *l'euro*
frei *libre*
r Herd, -e *la cuisinière*
ihn *le*
kaufen *acheter*
r **Kühlschrank, ̈e** *le réfrigérateur*
e **Mathematik** *les mathématiques*
nicht mehr *ne ... plus*
noch *encore*
e **Physik** *la physique*

e Schreibmaschine, -n *la machine à écrire*
r **Stuhl, ̈e** *la chaise*
e **Uhr, -en** *la pendule / l'horloge*
verkaufen *vendre*
e Wohnungsaufgabe *cause départ*
zusammen *ensemble*

Seite 33

fast *presque*
funktionieren *fonctionner / marcher*
e **Kreditkarte, -n** *la carte de crédit*
r **Löffel, -** *la cuiller*
neu *neuf / nouveau*
e **Situation, -en** *la situation*
verkauft *vendu*

Seite 34

Olympia *Jeux Olympiques*
s Physikbuch, ̈er *le livre de physique*
e **Post** *la poste / le courrier*
selbst *même*
r **Stiefel, -** *la botte*
s **Studium, -dien** *les études*
teuer *cher*
üben *s'entraîner*
   weiter·üben *continuer à s'entraîner*

Seite 35

s **Bild, -er** *l'image / le tableau*
einer *un*
   Hier ist noch einer. *Il y en a encore un ici.*
keiner *aucun*
e **Lampe, -n** *la lampe*
s **Regal, -e** *l'étagère*
schauen *regarder*
   Schau mal ...! *Regarde (donc) ... !*
r **Spiegel, -** *la glace / le miroir*
r **Teppich, -e** *le tapis*
e Vase, -n *le vase*

s Abendkleid, -er   la robe du soir
r Atlantik   l'Atlantique
r Autoschlüssel, -   la (les) clé(s) de voiture
e Brille, -n   les lunettes
e Kontaktlinse, -n   les lentilles de contact
s Mittelmeer   la Méditerranée
e Nordsee   la mer du Nord
e Ostsee   la (mer) Baltique
r Rasierapparat, -e   le rasoir électrique
r Scheck, -s   le chèque
s Wörterbuch, ¨er   le dictionnaire

Seite 37

r Ausdruck, ¨e   l'expression
benutzen   utiliser
r Dank   le remerciement / la gratitude / la reconnaissance
vielen Dank   merci beaucoup
s Geschäft, -e   la boutique / le magasin
s Museum, Museen   le musée
PS: PS
s Restaurant, -s   le restaurant

Lektion 4

Seite 38

e Angst, ¨e   la peur
Angst haben   avoir peur
bleiben   rester
draußen   dehors
dürfen, darf   pouvoir (avoir la permission)
Man darf hier nicht springen.   On ne doit pas sauter ici.
es geht / es geht nicht   ça va / ça ne va pas
jetzt   maintenant
man   on
müssen, muss   devoir, doit (obligation)

Sie muss springen.   Elle doit sauter.
e Pause, -n   la pause
e Ruhe   le repose / le calme / la tranquillité
Der Mann will seine Ruhe haben.   Le monsieur veut être tranquille.
sollen, soll   devoir
Er soll springen.   Il doit sauter.
tanzen   danser
r Tee, -s   le thé
wollen, will   vouloir, veut
Er will jetzt springen.   Il veut sauter maintenant.

Seite 39

e Badekappe, -n   le bonnet de bain
bezahlen   payer
ertrinken   se noyer
e Krawatte, -n   la cravate
laut   bruyant
schießen   tirer
r Wasserball, ¨e   le water-polo

Seite 40

r Abend, -e   le soir
alle   tous / toutes
alles   tout
am   le
am Abend   le soir
beim → bei   pendant / au moment de
beim Spiel   pendant le jeu
bemalen   peindre
beschmutzen   salir / tacher
beten   prier / dire une prière
betreten, betritt   marcher sur
Du sollst den Rasen nicht betreten.   Tu ne dois pas marcher sur la pelouse.
betrügen, betrügt   tricher
s Bonbon, -s   le bonbon
bunt   multicolore / de toutes les couleurs
bunt bemalen   peindre de toutes les couleurs
essen, isst   manger / mange

r Hut, ⁻e   *le chapeau*
kennen   *connaître*
e Kleidung   *les vêtements*
leise   *doucement / à voix basse*
  leise sprechen   *parler doucement*
lügen   *mentir*
naschen   *sucer*
nennen   *nommer / appeler*
Ich möchte meinen Hund mal „Katze"
  nennen.   *J'aimerais bien un jour
  appeler mon chien «chat».*
nichts mehr   *plus rien*
nie   *jamais*
nie mehr   *jamais plus*
putzen   *nettoyer / laver*
  Zähne putzen   *laver les dents*
r Rasen   *la pelouse*
sehen, sieht   *voir, voit*
sonntags   *le dimanche (tous les diman-
  ches)*
s Spiel, -e   *le jeu*
sprechen, spricht   *parler, parle*
r Stern, -e   *l'étoile*
e Steuer, -n   *l'impôt*
täglich   *tous les jours*
r Termin, -e   *le rendez-vous*
r Tiger, -   *le tigre*
e Träne, -n   *la larme*
tragen, trägt   *porter*
  Sonntags trägt man einen Hut.   *Le
  dimanche on porte un chapeau.*
vergessen, vergisst   *oublier, oublie*
s Vitamin, -e   *la vitamine*
e Wand, ⁻e   *le mur*
waschen, wäscht   *laver, lave*
zahlen   *payer*
r Zahn, ⁻e   *la dent*
zerbrechen, zerbricht   *casser, casse*
e Zigarette, -n   *la cigarette*

Seite 41

e Anzeige, -n   *l'annonce*
e Chiffre, -n   *la référence*
dauernd   *sans cesse / sans arrêt*
e Gitarre, -n   *la guitare*

Gitarre spielen   *jouer de la guitare*
r Hamburger (zum Essen)   *le hamburger*
r Horrorfilm, -e   *le film d'horreur*
e Kontaktanzeige, -n   *l'annonce relation*
e Toilettenwand, ⁻e   *le mur des toilettes*
tun, tut   *faire, fait*

Seite 42

an·machen, macht an   *allumer, allume*
auf·machen, macht auf   *ouvrir, ouvre*
aus·machen, macht aus   *éteindre, éteint
  / fermer, ferme*
aus·schalten, schaltet aus   *arrêter, arrête / éteindre, éteint*
ein·schalten, schaltet ein   *allumer, allume*
s Fenster, -   *la fenêtre*
s Licht, -er   *la lumière*
  das Licht ausmachen / anmachen
  éteindre la lumière / allumer
müde   *fatigué*
schlafen, schläft   *dormir, dort*
wieder   *de nouveau / à nouveau*
zu·machen, macht zu   *fermer, ferme*

Seite 43

auf·stehen, steht auf   *se lever, se lève*
auf·wachen, wacht auf   *se réveiller, se
  réveille*
r Babysitter, -   *le / la babysitter*
r Besuch, -e   *la visite*
  Besuch haben   *avoir de la visite*
r Bruder, ⁻   *le frère*
fahren, fährt   *rouler, roule*
ganz   *très*
  ganz schnell   *très vite / à toute vitesse*
im → in   *dans / au*
  im Bett   *au lit*
keine Zeit haben   *ne pas avoir de temps*
langsam   *lentement*
  langsam fahren   *aller lentement*
e Lust   *l'envie*

keine Lust haben   *ne pas avoir envie*
weiter·schlafen, schläft weiter   *continuer à dormir, continue à dormir / faire la grasse matinée, fait la grasse matinée*
wissen, weiß   *savoir, sait*

Seite *44*

achten   *faire attention*
auf·tauchen, taucht auf   *apparaître, apparaît*
ein·tauchen, taucht ein   *plonger, plonge*
gerade   *juste*
   gerade richtig   *juste à point*
s Italienisch   *l'italien*
   italienisch   *italien*
r Papagei, -en   *le perroquet*
weiter·sprechen, spricht weiter   *continuer à parler, continue à parler*
weiter·tauchen, taucht weiter   *continuer à plonger, continue à plonger*

Seite *45*

also   *donc / alors*
am   *le*
   am Sonntag   *le dimanche / dimanche prochain*
Bis dann!   *À bientôt!*
einverstanden   *d'accord*
s Fahrrad, ¨er   *la bicyclette / le vélo*
Fahrrad fahren   *faire de la bicyclette / aller à bicyclette*
r Federball, ¨e   *le volant de badminton*
Federball spielen   *jouer au badminton*
e Idee, -n   *l'idée*
Ihnen   *vous / à vous*
Leid tun   *faire de la peine / regretter*
   Tut mir Leid.   *Je suis désolé(e).*
lernen   *apprendre*
mir   *me / moi / à moi*
okay   *okay*
s Schach   *les échecs / le jeu d'échecs*
Schach spielen   *jouer aux échecs*
r Ski, -er   *le ski*
Ski fahren   *skier / faire du ski*

s Tischtennis   *le tennis de table / le ping pong*
Tischtennis spielen   *jouer au ping pong*
übermorgen   *après-demain*
Uhr   *heure*
um   *à*
   Um 9 Uhr.   *À 9 heures.*
   Um wie viel Uhr?   *À quelle heure ?*
Wann kannst du?   *Quand peux-tu ?*
Wann denn?   *Alors quand ?*

Seite *46*

ab·schließen, schließt ab   *fermer à clé, ferme à clé*
an·rufen, ruft an   *appeler, appelle / téléphoner, téléphone*
s Büro, -s   *le bureau*
dringend   *d'urgence*
essen gehen   *aller manger / aller dîner*
fahren   *aller / se rendre (en voiture)*
   Ich muss dringend nach Hamburg fahren.   *Je dois d'urgence me rendre à Hambourg.*
heute Abend   *ce soir*
r Kundendienst   *le service après-vente*
nach   *à (mouvement)*
   nach Hamburg   *à Hambourg*
nach Hause   *à la maison*
   nach Hause kommen   *rentrer à la maison*
schade   *dommage*
schwimmen gehen   *aller nager*
e Waschmaschine, -n   *la machine à laver (le linge)*
zu   *à*
   Welcher Text passt zu welchem Bild?   *Quel texte s'associe à quelle image ?*
zu·hören, hört zu   *écouter, écoute*

Seite *47*

ab·sagen, sagt ab   *décommander, décommande*
r Anruf, -e   *l'appel*

e Chefin, -nen   *la chef*
r Fernsehfilm, -e   *le téléfilm*
fliegen   *aller (en avion)*
r Mitarbeiter, -   *le collègue*
mit·kommen, kommt mit   *venir avec,*
   vient avec / accompagner, accompa-
   gne
e **Nachricht, -en**   *le message*
e **Notiz, -en**   *la note / la notice*
r Notizzettel, -   *la notice*
r **Schlüssel, -**   *la clé*
surfen gehen   *aller faire du surf / aller*
   surfer
s Wochenende, -n   *le week-end*
r **Zettel, -**   *la note / le billet*
zurück   *de retour*

Lektion 5

Seite 48

e **Bäckerei, -en**   *la boulangerie*
r **Baum, ⁻e**   *l'arbre*
e **Brücke, -n**   *le pont*
r Dativ, -e   *le datif*
dem   *le (datif)*
r **Fisch, -e**   *le poisson*
hinter   *derrière*
r Igel, -   *le hérisson*
e Laterne, -n   *la lanterne / le réverbère*
liegen   *être (placé) couché, étendu*
s Mofa, -s   *la mobylette*
e Mücke, -n   *le moucheron / le mou-*
   stique
neben   *à côté*
r **Polizist, -en**   *le policier*
sitzen   *être assis*
s **Sofa, -s**   *le canapé*
stehen   *être (placé) debout*
e Taube, -n   *le pigeon*
r Turm, ⁻e   *la tour*
unter   *sous*
vor   *devant*
r Wurm, ⁻er   *le ver*
zwischen   *entre*

r **Balkon, -s/-e**   *le balcon*
e **Bank, ⁻e**   *le banc*
r **Briefträger, -**   *le facteur*
bringen   *apporter*
r Buchhändler, -   *le libraire*
r Camper, -   *le campeur*
r **Kaffee**   *le café*
r **Käse**   *le fromage*
r **Kellner, -**   *le garçon (de café)*
r **Kopf, ⁻e**   *la tête*
legen   *mettre, poser, placer, coucher*
e Leiter, -n   *l'échelle*
r Maler, -   *le peintre*
e Mütze, -n   *le bonnet, la casquette*
r Pfarrer, -   *le curé / le pasteur*
s Pferd, -e   *le cheval*
e Pfütze, -n   *la flaque / la mare*
e **Puppe, -n**   *la poupée*
s Schild, -er   *le panneau / l'enseigne*
r Schrank, ⁻e   *l'armoire*
setzen   *asseoir / placer / installer*
r Stall, ⁻e   *l'étable / l'écurie*
stellen   *poser, placer, mettre*
r **Teller, -**   *l'assiette*
werfen, wirft   *jeter, jette*
wohin   *où (mouvement)*

an   *allumé*
   Blaulicht an!   *Gyrophare allumé !*
r **Arm, -e**   *le bras*
e Atemmaske, -n   *le masque à oxygène*
atmen   *respirer*
auf sein   *être ouvert*
auf·brechen, bricht auf   *forcer, force /*
   enfoncer, enfonce
   die Tür aufbrechen   *enfoncer la porte*
aus·steigen, steigt aus   *descendre, des-*
   cend
e **Autobahn, -en**   *l'autoroute*
r Autofahrer, -   *l'automobiliste*
beide   *les deux / tous deux*
   die beiden Männer   *les deux hommes*
bereits   *déjà*

r **Bericht, -e** *le rapport / le compte rendu / l'article*
s Blaulicht, -er *le gyrophare*
bluten *saigner*
e **Brust, ̈e** *la poitrine*
r Container, - *le conteneur*
r Dienst, -e *le service*
drücken *appuyer / comprimer*
  nicht auf die Brust drücken *ne pas comprimer la poitrine*
echt *vraiment*
  echt unter die Haut gehen *être vraiment prenant*
r **Eingang, ̈e** *l'entrée*
einige *quelques*
r Einsatz, ̈e *la mission / l'intervention*
entscheiden *décider*
r **Fahrer, -** *le conducteur / le chauffeur*
r **Feuerwehrmann, ̈er** *le pompier*
frei·machen, macht frei *libérer, libère*
  die Straße freimachen *libérer la rue / la route*
geschafft! *réussi !*
r Golf *la Golf*
r **Hafen, ̈** *le port*
s Hafenkrankenhaus, ̈er *l'hôpital du port*
r **Haken, -** *le crochet / la patère*
halten, hält *s'arrêter, s'arrête*
  Der Wagen hält. *La voiture s'arrête.*
Hamburger → Hamburg *hambourgeois / de Hambourg → Hambourg*
  der Hamburger Hafen *le port de Hambourg*
e **Hand, ̈e** *la main*
hart *dur / rude*
  Der Rettungsdienst ist hart. *Le service de secours / de sauvetage est rude.*
e Haut *la peau*
heben *soulever*
hinten *derrière*
  Da hinten ist es. *C'est là derrière.*
e **Jacke, -n** *la veste / le gilet*
r **Job, -s** *le job*
klingeln *sonner*
konzentriert *concentré*

r Kran, ̈e *la grue*
s **Krankenhaus, ̈er** *l'hôpital*
r **Krankenpfleger, -** *l'aide soignant*
kurz *bref / brièvement*
  Die Ärztin … **sagt nur kurz:** … *Le médecin … se contente de dire brièvement …*
laufen, läuft *courir, court*
r Lebensretter, - *le sauveteur*
manchmal *parfois*
nächste *prochain(e)*
  der nächste Anruf *le prochain appel*
nicht immer *pas toujours*
niemand *personne*
noch nichts *pas encore*
e Notärztin, -nen *le médecin (femme) de service, d'urgence*
r Notarztwagen, - *la voiture du SAMU*
e **Notaufnahme, -n** *les urgences*
s **Opfer, -** *la victime*
r Personenwagen, - *la voiture particulière*
e **Reaktion, -en** *la réaction*
reißen *attraper*
  vom Haken reißen *attraper au portemanteau*
rennen *courir / se précipiter*
r Rettungsdienst, -e *le service de secours*
s Rettungsteam, -s *l'équipe de secours*
r Rettungswagen, - *la voiture du SAMU*
r Rippenbruch, ̈e *la fracture de(s) côte(s)*
rufen *crier*
r Sanitäter, - *le secouriste*
r Sauerstoff *l'oxygène*
schieben *(re)pousser*
schimpfen *râler / rouspéter*
r **Schmerz, -en** *la douleur*
r Schock, -s *le choc*
schwach *faible(ment)*
e **Seite, -n** *le (bas-)côté*
  zur Seite schieben *pousser sur le côté*
e Sirene, -n *la sirène*

spät   *tard*
später   *plus tard*
stöhnen   *geindre / gémir*
s Tempo   *l'allure*
r **Tod, -e**   *la mort*
s Tor, -e   *la porte*
e Trage, -n   *la civière / le brancard*
e **Tür, -en**   *la porte*
über   *au-dessus de*
  die Uhr über der Tür   *la pendule au-*
  dessus de la porte
  über die Elbe fahren   *passer au-des-*
  sus de l'Elbe
s Unfallopfer, -   *la victime (de l'acci-*
  dent)
r Unfallort, -e   *le lieu de l'accident*
e Uniform, -en   *l'uniforme*
untersuchen   *examiner*
r **Verkehr**   *la circulation / le trafic*
vom → von   *de / du*
  vom Haken   *du porte-manteau*
vorne   *devant / à l'avant*
e **Vorsicht**   *la précaution / la prudence*
  Vorsicht!   *Attention !*
weiter·fahren, fährt weiter   *continuer,*
  continue (à rouler)
zeigen   *montrer*
  Er zeigt keine Reaktion.   *Il ne montre*
  aucune réaction.
e Zentrale, -n   *la centrale*
zu   *trop (+ adj. ou adv.) / fermer*
  zu spät   *trop tard*
  Tür zu!   *ferme(z) la porte !*
zu Ende   *terminé*
zurück·fahren, fährt zurück   *rentrer, rent-*
  re / retourner, retourne

Seite 51

an sein, ist an   *être allumé, est allumé*
an·kommen, kommt an   *arriver, arrive*
ans → an   *à / au*
e **Antwort, -en**   *la réponse*
Dr. → Doktor   *Dr. → Docteur*
r Golffahrer, -   *le conducteur de la Golf*
ins → in   *dans*

nur noch   *ne ... plus que*
r Pfleger, -   *le garde-malade*
r Telefonanruf, -e   *l'appel téléphonique*

Seite 52

e **Badewanne, -n**   *la baignoire*
e **Bank, -en**   *la banque*
e **Dusche, -n**   *la douche*
r **Gast, ¨e**   *le convive / l'invité*
e **Handtasche, -n**   *le sac à main*
hängen   *être accroché*
  Die Jacke hängt im Schrank.   *La veste*
  est accrochée dans l'armoire.
hängen   *accrocher*
  Werner hängt das Bild an die Wand.
  Werner accroche le tableau au mur.
holen   *aller chercher*
r Käfig, -e   *la cage*
r **Keller, -**   *la cave*
r Küchentisch, -e   *la table de cuisine*
nehmen, nimmt   *prendre, prend*

Seite 53

s Bahnhofscafé, -s   *le café de la gare*
bekommen   *recevoir*
r Blumenladen, -   *le magasin de fleurs*
durch   *à travers / par*
  durch den Wald   *à travers la forêt*
r Einbrecher, -   *le cambrioleur*
e **Fahrt, -en**   *le voyage*
  eine Fahrt mit dem Taxi   *un voyage*
  en taxi
r **Flughafen, ¨**   *l'aéroport*
gegen   *contre*
  gegen den Baum   *contre l'arbre*
r Museumsplatz, ¨e   *la place du musée*
noch einmal   *encore une fois*
passieren   *se passer*
e **Station, -en**   *l'étape*
steigen   *monter*
  Die Frau steigt in ein Taxi.   *La femme*
  monte dans un taxi.
r Taxifahrer, -   *le chauffeur de taxi*
r Teddy, -s   *l'ours en peluche*

r Wald, ⁻er *la forêt*
durch den Wald *à travers la forêt*
um *autour de*
um das Haus *autour de la maison*
weg·rennen, rennt weg *partir en courant*
e Wurst, ⁻e *la saucisse*

Seite 54

r Artikel, - *l'article*
e Autonummer, -n *le numéro d'immatriculation*
s Kinderzimmer, - *la chambre d'enfant(s)*
kontrollieren *contrôler*
e Präposition, -en *la préposition*
r Regen *la pluie*
s Verb, -en *le verbe*

Seite 55

Wie komme ich zu ..? *Comment puis-je aller à … ?*
an … vorbei *le long de / longer*
am Rathaus vorbei *vous longez l'hôtel de ville*
e Apotheke, -n *la pharmacie*
e Arztpraxis, -praxen *le cabinet médical*
bis zu *jusqu'à*
e Bushaltestelle, -n *l'arrêt de bus*
s Computergeschäft, -e *le magasin d'informatique*
dritte *troisième*
die dritte Straße rechts *la troisième rue à droite*
einfach *simple*
Ganz einfach: … *C'est tout simple …*
erste *première*
fünfte *cinquième*
geradeaus *tout droit*
geradeaus gehen *aller tout droit*
r Goetheplatz, ⁻e *la place Goethe*
e Kirche, -n *l'église*
s Rathaus, ⁻er *l'hôtel de ville*

s Schwimmbad, ⁻er *la piscine*
s Stück, -e *le bout (de chemin)*
ein Stück geradeaus *un bout de chemin tout droit*
r Taxistand, ⁻e *la station de taxis*
e Telefonzelle, -n *la cabine téléphonique*
r Tennisplatz, ⁻e *le court de tennis / les tennis*
e Toilette, -n *les toilettes*
e Ursache, -n *la cause / la raison*
Keine Ursache. *De rien.*
vierte *quatrième*
vorbei *le long de*
an … vorbei *le long de*
r Weg, -e *le chemin / la voie*
Blumenweg *Chemin des fleurs*
zehnte *dixième*
zweite *deuxième*

Seite 56

r August *août*
s Clubhaus, ⁻er *le clubhouse*
e Einladung, -en *l'invitation*
e Geburtstagsfeier, -n *la fête d'anniversaire*
r Waldfreund, -e *l'ami des forêts*

Seite 57

ab·biegen, biegt ab *tourner, tourne*
e Abfahrt, -en *la sortie*
die Autobahn-Abfahrt *la sortie d'autoroute*
ab·stellen *garer*
das Auto auf einem Parkplatz abstellen *garer la voiture sur un parking*
e Ampel, -n *le feu tricolore*
r Bauernhof, ⁻e *la ferme*
beschreiben *décrire*
e Bundesstraße, -n *la route nationale*
diesmal *cette fois*
feiern *fêter / célébrer*
zu Fuß *à pied*
e Haltestelle, -n *la station / l'arrêt*

r Hauptbahnhof, ⁻e   *la gare centrale*
hoffentlich   *j'espère / espérons*
e Karte, -n   *la carte (routière)*
r Kilometer, -   *le kilomètre*
e Kreuzung, -en   *le carrefour / le croisement*
e Kurve, -n   *le virage*
e Linie, -n   *la ligne*
  Bus Linie 31   *la ligne de bus 31*
r Parkplatz, ⁻e   *le parking*
e Richtung, -en   *la direction*
  in Richtung …   *en direction de …*
  aus welcher Richtung?   *d'où ?*
e Tankstelle, -n   *la station service*
um·steigen, steigt um   *changer, change (de train, d'autobus)*
ungefähr   *environ*
r Wanderweg, -e   *le sentier touristique / le chemin de randonnée*
e Wegbeschreibung, -en   *l'itinéraire*
weiter·gehen, geht weiter   *continuer, continue*
s Zentrum, Zentren   *le centre*

Lektion 6

Seite 58

an·streichen, streicht an, hat angestrichen   *peindre, peint, a peint*
auf·räumen   *ranger*
duschen   *se doucher*
r Kakao   *le cacao*
s Perfekt   *l'imparfait*
s Präsens   *le présent*

Seite 59

ab·fahren, fährt ab, ist abgefahren   *partir, part, est parti*
r Fußball, ⁻e   *le football*
  Fußball spielen   *jouer au football*
s Geschirr   *la vaisselle*

graben, gräbt, hat gegraben   *creuser, creuse, a creusé*
s Loch, ⁻er   *le trou*
malen   *peindre*
spülen   *laver*
  Geschirr spülen   *laver la vaisselle*
wandern, ist gewandert   *faire de la randonnée, a fait de la randonnée*

Seite 60

s Abendbrot   *le dîner*
  Abendbrot machen   *préparer le dîner*
abends   *le soir*
alleine   *(tout) seul*
r Alltag   *le quotidien*
anstrengend   *fatigant*
e Arbeit, -en   *le travail*
r Arbeitstag, -e   *la journée de travail*
s Aus   *la touche arrêt*
  Der Schalter war auf „Aus".
  L'interrupteur était sur «arrêt»
r Bauer, -n   *le fermier / le paysan*
Bayern München   *le club de Munich*
beginnen, beginnt, hat begonnen   *commencer, commence, a commencé*
bestimmt   *sûrement*
bestimmt nicht   *sûrement pas*
bügeln   *repasser*
e Büroarbeit, -en   *la paperasse*
dabei   *en la regardant*
  Dabei schlafe ich immer ein.   *Je m'endors toujours en la regardant.*
danach   *après quoi*
dauern   *durer*
doch   *pourtant, cependant*
  Doch immer noch beginnt der Tag früh.
  Pourtant la journée commence toujours tôt.
ein·schlafen, schläft ein, ist eingeschlafen   *s'endormir, s'endort, s'est endormi*
s Ende, -n   *la fin*
  bis zum Ende   *jusqu'à*
erzählen   *raconter*
extra   *plus longtemps*
r Feierabend, -e   *la fin du travail*

20

s Feld, -er   *le champ*
fern·sehen, sieht fern, hat ferngesehen
   regarder la télévision, regarde, a
   regardé
fertig   *fini, terminé*
früh   *tôt*
früher   *autrefois, avant*
frühstücken   *prendre le petit déjeuner*
r Fuchs, ⸚e   *le renard*
füllen   *remplir*
füttern   *nourrir*
r Garten, ⸚   *le jardin*
gegen   *vers*
   gegen sieben (Uhr)   *vers sept heures*
gewesen → sein, ist, war, ist gewesen
   allé → être, est, était, est allé
   Danach bin ich im Hühnerstall gewesen.
   Ensuite je suis allé au poulailler.
gewöhnlich   *d'habitude / habituelle-*
   ment
   wie gewöhnlich   *comme d'habitude*
s Glück   *le bonheur / la chance*
   zum Glück   *par chance / par bon-*
   heur
halb   *demi*
   halb acht   *sept heures et demie*
hatten → haben, hat, hatte, hat gehabt
   avaient → avoir, a, avait, a eu
   Wir hatten viel zu tun.   *Nous avions*
   beaucoup à faire.
helfen, hilft, hat geholfen   *aider, aide, a*
   aidé
heute Morgen   *ce matin*
s Huhn, ⸚er   *la poule*
r Hühnerstall, ⸚e   *le poulailler*
immer noch   *toujours / encore*
s Jura   *le droit*
e Kuh, ⸚e   *la vache*
lächeln   *sourire*
r Landwirt, -e   *l'agriculteur*
lang   *long*
   Der Tag war lang.   *La journée était*
   longue.
mal   *d'abord*
   erst mal sehen   *on va d'abord voir*

e Maschine, -n   *la machine*
meistens   *la plupart du temps*
melken, melkt, hat gemolken   *traire,*
   trait, a trait
e Melkmaschine, -n   *la trayeuse*
miau   *miaou*
r Mittag   *le midi*
   zu Mittag essen   *pour déjeuner*
s Mittagessen, -   *le déjeuner*
r Morgen   *le matin*
morgens   *le matin (tous les matins)*
r Nachmittag, -e   *l'après-midi*
   am Nachmittag   *l'après-midi (tous les*
   après-midis)
e Nähe   *la proximité*
   in der Nähe von   *à proximité de /*
   près de
nähen   *coudre / faire de la couture*
oft   *souvent*
e Ordnung, -en   *l'ordre*
   in Ordnung bringen   *remettre en*
   ordre / réparer
plötzlich   *soudain / tout à coup*
eine Reise machen   *faire un voyage*
reparieren   *réparer*
samstags   *le samedi (tous les samedis)*
sauber machen   *nettoyer*
r Schalter, -   *le commutateur / l'inter-*
   rupteur
e Schule, -n   *l'école*
   aus der Schule zurück sein   *être ren-*
   tré de l'école
s Schwein, -e   *le cochon*
e Serie, -n   *la série*
r Sessel, -   *le fauteuil*
sofort   *tout de suite / immédiatement*
sollen   *devoir*
   Wer soll denn die Kühe melken?   *Qui*
   donc doit traire les vaches ?
e Stallarbeit, -en   *le travail à l'étable*
sterben, stirbt, ist gestorben   *mourir,*
   meurt, est mort
e Stunde, -n   *l'heure*
   in einer Stunde   *dans une heure*
e Tasse, -n   *la tasse*

eine Tasse Kaffee trinken   *boire une tasse de café*
uns   *nous*
Viertel   *quart*
   Viertel vor sieben   *sept heures moins le quart*
   Viertel nach vier   *quatre heures et quart*
r Vormittag, -e   *la matinée / le matin*
   am Vormittag   *le matin*
wach   *éveillé*
   wach bleiben   *rester éveillé*
war → sein, ist, war, ist gewesen   *était → être, est, était, a été*
   ich war draußen auf dem Feld   *j'étais dehors dans les champs*
e Wäsche   *le linge*
wecken   *réveiller*
e Weide, -n   *le pré*
   von der Weide holen   *aller chercher au pré*
r Zaun, ¨e   *la clôture*

Seite 61
---

an·fangen, fängt an, hat angefangen   *commencer, commence, a commencé*
besuchen   *rendre visite*
frühmorgens   *le matin de bonne heure*
s Frühstück   *le petit déjeuner*
e Hausarbeit, -en   *les tâches ménagères*
   Hausarbeit machen   *accomplir les tâches ménagères*
heute Nachmittag   *cet après-midi*
heute Vormittag   *ce matin*
s Interview, -s   *l'interview*
e Journalistin, -nen   *la journaliste*
r Kuhstall, ¨e   *l'étable*
mit·arbeiten   *travailler avec (quelqu'un)*
r Mittagsschlaf   *la sieste*
   einen Mittagsschlaf halten   *faire une sieste*
   einen Mittagsschlaf machen   *faire une sieste*
s Präteritum   *le prétérit*
Um wie viel Uhr?   *À quelle heure ?*

weg·laufen, läuft weg, ist weggelaufen   *partir, part, est parti / s'échapper, s'échappe, s'est échappé*
wie lange   *combien de temps ?*
   Wie lange dauert das?   *Combien de temps ça dure ?*
wie viele   *combien*
   Wie viele Stunden hat Ihr Arbeitstag?   *Votre journée de travail a combien d'heures ?*

Seite 62
---

auf einmal   *tout à coup*
r Bäcker, -   *le boulanger*
s Brötchen, -   *le petit pain*
fressen, frisst, hat gefressen   *manger, mange, a mangé*
r Hunger   *la faim*
   Hunger haben   *avoir faim*
ihm   *lui*
   mit ihm   *avec lui*
e Küche, -n   *la cuisine*
s Theater, -   *le théâtre*
e Uhrzeit, -en   *l'heure*
vorher   *avant*
r Wecker, -   *le réveil*
wie spät   *quelle heure*
   Wie spät ist es?   *Quelle heure est-il ?*

Seite 63
---

s Auge, -n   *l'oeil*
   eine Wunde am Auge   *une blessure à l'oeil*
dir   *toi*
   vor dir   *devant toi*
e Disco, -s   *la discotèque*
doch   *quand même*
   Du kannst doch wenigstens dein Ei essen.   *Tu peux quand même au moins manger ton œuf.*
s Ei, -er   *l'oeuf*
s Flugzeug, -e   *l'avion*
gar nicht   *pas du tout*
gestern   *hier*

s Glas, ¨er   *le verre*
  ein Glas Wasser   *un verre d'eau*
heißen   *vouloir dire*
  Was soll das heißen?   *Qu'est-ce que*
  ça veut dire ?
langweilig   *ennuyeux*
r Liebling, -e   *le trésor / le chéri*
Oh Gott!   *Oh mon Dieu !*
r Passagier, -e   *le passager*
provozieren   *provoquer*
s Salz   *le sel*
e Stewardess, -en   *l'hôtesse*
r Traum, ¨e   *le rêve*
r Typ, -en   *le type*
unheimlich   *lugubre*
verletzt   *blessé*
r Vogel, ¨   *l'oiseau*
  mit den Vögeln sprechen   *parler avec*
  les oiseaux
wenigstens   *au moins*
e Wunde, -n   *la blessure*

Seite 64
---

etwas   *quelque chose*
r Fluss, ¨e   *le fleuve / la rivière*
kurz   *court*
nichts   *rien*
r Schluss   *la fin*
  zum Schluss   *à la fin*
schneiden, schneidet, hat geschnitten
  cueillir, cueille, a cueilli
  Blumen schneiden   *cueillir des fleurs*
sonst   *autrement*
  sonst ist nichts passiert   *autrement, il*
  ne s'est rien passé
r Urlaub, -e   *les vacances*
r Vokal, -e   *la voyelle*
  Der Vokal ist kurz.   *La voyelle est*
  brève.
  Der Vokal ist lang.   *La voyelle est lon-*
  gue.
e Wiese, -n   *la prairie*

Seite 65
---

ab·stellen   *couper / fermer*
  das Gas abstellen   *couper / fermer le*
  gaz
ein·packen   *emballer*
e Garage, -n   *le garage*
s Gas, -e   *le gaz*
gerade   *en train de / venir de*
  Ich lese gerade.   *Je suis en train de*
  lire.
  Ich habe gerade die Betten gemacht.
  Je viens de faire les lits.
e Haustür, -en   *la porte d'entrée*
Schön!   *C'est bien ! / Parfait !*
r Strom   *le courant / l'électricité*
r Supermarkt, ¨e   *le supermarché*
vorhin   *tout à l'heure*
wirklich   *vraiment*
  Dann können wir wirklich abfahren.
  Alors nous pouvons vraiment partir.
s Wohnzimmer, -   *le salon*

Seite 66
---

ein·steigen, steigt ein, ist eingestiegen
  monter, monte, est monté
r Gorilla, -s   *le gorille*

Seite 67
---

auf·hören   *arrêter / cesser*
noch ein   *encore un*
  noch ein Traum   *encore un rêve*
r Reifen, -   *le pneu*
weg·fliegen, fliegt weg, ist weggeflogen
  s'envoler, s'envole, s'est envolé
e Wüste, -n   *le désert*

Lektion 7

Seite 68
---

bestehen, besteht, hat bestanden   *réus-*
  sir, réussit, a réussi
  Er hat das Examen bestanden.   *Il a*
  réussi l'examen.

r Blumenstrauß, ¨-e *le bouquet de fleurs*
s Brautpaar, -e *les mariés*
r Chef, -s *le chef*
s Examen, - *l'examen*
e Firma, Firmen *l'entreprise*
folgen, ist gefolgt *suivre, suit, a suivi*
r Führerschein, -e *le permis de conduire*
gratulieren *féliciter*
heiraten *se marier*
s Herz, -en *le coeur*
s Jubiläum, Jubiläen *le jubilé*
s Lied, -er *la chanson*
mit·bringen, bringt mit, hat mitgebracht
    apporter, apporte, a apporté
schenken *offrir*
schmücken *décorer*
seiner *à son*
    seiner Freundin *à son amie*
seit *depuis*
    seit 25 Jahren *depuis 25 ans*
e Silberhochzeit, -en *les noces d'argent*
s Telegramm, -e *le télégramme*
r Valentinstag, -e *la St. Valentin*
s Volksfest, -e *la kermesse*
vor·spielen *jouer (devant quelqu'un)*
r Weihnachtsbaum, ¨-e *le sapin de Noël*

Seite 69

e Bäuerin, -nen *la paysanne / la fer-
    mière*
r Bikini, -s *le bikini*
e Bluse, -n *le chemisier*
r Bürgermeister, - *le maire*
r Clown, -s *le clown*
s Eis *la glace*
gefallen, gefällt, hat gefallen *plaire,
    plait, a plu*
gewinnen, gewinnt, hat gewonnen
    gagner, gagne, a gagné
e Halskette, -n *le collier*
r Handschuh, -e *le gant*
ihnen *leur*
    gefallen ihnen nicht *ne leur plaisent
    pas*
e Lehrerin, -nen *l'institutrice*

s Pronomen, - *le pronom*
r Sänger, - *le chanteur*
schmecken *plaire / aimer (au goût)*
e Schokolade, -n *le chocolat*
    Die Schokolade schmeckt ihm nicht.
    Il n'aime pas le chocolat.
e Tafel, -n *la plaque / la plaquette*
    eine Tafel Schokolade *une plaque de
    chocolat*
zu·ordnen *attribuer*

Seite 70

r Advent *l'Avent*
r Adventskranz, ¨-e *la couronne de
    l'Avent*
an·haben, hat an, hatte an, hat angehabt
    porter (sur soi), porte, portait, a porté
an·schauen *regarder*
an·zünden *allumer*
aufgeregt *énervé / excité*
e Aufregung, -en *l'énervement / l'exci-
    tation*
außerdem *en outre*
backen, backt (bäckt), hat gebacken
    faire de la pâtisserie, fait, a fait
basteln *fabriquer*
bisschen *peu*
    ein bisschen *un peu*
brav *gentil*
brennen, brennt, hat gebrannt *brûler,
    brûle, a brûlé*
e Christbaumkugel, -n *les boules de
    l'arbre de Noël*
davon *le*
    Ich schreibe dir davon. *Je vais te le
    raconter.*
r Dezember *décembre*
endlich *enfin*
erfahren, erfährt, hat erfahren *savoir,
    sait, a su / apprendre, apprend, a
    appris*
e Erinnerung, -en *le souvenir*
euch *vous*
    Ich habe euch etwas mitgebracht. *Je
    vous ai apporté quelque chose.*

s **Fest, -e**   *la fête*
funkeln   *étinceler*
furchtbar   *terriblement*
  Wir waren furchtbar aufgeregt.   *Nous étions terriblement excités.*
s **Geschenk, -e**   *le cadeau*
r Heiligabend, -e   *la veillée de Noël*
kaum   *à peine*
e Kindheit   *l'enfance*
e Krippe, -n   *la crèche*
mindestens   *au moins*
e Nacht, ¨e   *la nuit*
r Nikolaus   *St. Nicolas*
r Nikolaustag, -e   *la Saint-Nicolas*
r November   *novembre*
e Oma, -s   *la grand-mère*
r **Onkel, -**   *l'oncle*
r Opa, -s   *le grand-père*
s Plätzchen, - (Keks)   *le biscuit*
r **Rücken**   *le dos*
e Rute, -n   *la baguette / la badine*
r Sack, ¨e   *le sac*
so weit   *y être*
  Endlich war es so weit.   *Enfin on y était.*
Spielsachen (pl)   *les jouets*
stehen, steht, stand, hat gestanden   *être écrit, est écrit, était écrit, a été écrit*
  steht in deinem Brief   *tu écris dans ta lettre*
streng   *sévèrement*
e Süßigkeit, -en   *les friandises*
verzeihen, verzeiht, hat verziehen   *excuser, excuse, a excusé*
e Vorbereitung, -en   *les préparatifs / la préparation*
vor·lesen, liest vor, hat vorgelesen   *lire, lit, a lu (devant quelqu'un)*
e Watte   *l'ouate / le coton*
s Weihnachten   *Noël*
s Weihnachtsfest, -e   *la fête de Noël*
e Weihnachtsgeschichte   *l'histoire de Noël*
s Weihnachtslied, -er   *le chant de Noël*
r Weihnachtsmann, ¨er   *le Père Noël*

r Weihnachtsschmuck   *la décoration de Noël*
weiter   *etc.*
  und so weiter   *etc. / et ainsi de suite*
e Woche, -n   *la semaine*
wundervoll   *merveilleux*
r Wunschzettel, -   *la lettre au Père Noël*

Seite 71

auf·sagen   *réciter*
aus·suchen   *choisir*
r Backofen, ¨   *le four*
einmal   *un jour*
s Festessen, -   *le repas de fête*
e Gans, ¨e   *l'oie*
s Gedicht, -e   *le poème / la poésie*
gefüllt   *farci*
grüßen   *saluer*
  Ich grüße dich und deine Familie.   *Je te salue, toi et ta famille.*
r **Kloß, ¨e**   *la quenelle / la boulette*
e Mitternachtsmesse, -n   *la messe de minuit*
e Nuss, ¨e   *la noix*
s **Päckchen, -**   *le paquet*
r Rotkohl   *le chou rouge*
r/s Silvester   *la Saint-Sylvestre*
verstecken   *cacher*
e Weihnachtsgans, ¨e   *l'oie de Noël*
wunderschön   *merveilleux*

Seite 72

r April   *avril*
e Bratwurst, ¨e   *la saucisse*
s **Datum, Daten**   *la date*
  Welches Datum ist heute?   *Quelle est la date d'aujourd'hui ?*
e Datumsangabe, -n   *les dates*
r Februar   *février*
fehlen   *oublier*
  Ein Weihnachtsbaum fehlt ihr nicht.   *Elle n'a pas oublié le sapin de Noël.*
gemütlich   *agréablement*
geschlossen   *fermé*

r Glühwein, -e   le vin chaud
r Januar   janvier
jeden Tag   chaque jour / tous les jours
r Juli   juillet
r Juni   juin
kompliziert   compliqué
r Mai   mai
r März   mars
r Oktober   octobre
e Rente, -n   la retraite
   in Rente sein   être à la retraite
ruhig   calmement / tranquillement
   schön ruhig   bien tranquillement
seit wann   depuis quand
r September   septembre
voll   plein / bondé
   Der Weihnachtsmarkt ist ihr zu voll.   Il y a trop de monde pour elle au marché de Noël.
r Weihnachtsmarkt, -e   le marché de Noël
   auf dem Weihnachtsmarkt   au marché de Noël
e Zahnarztpraxis, -praxen   le cabinet dentaire

Seite 73

e Atmosphäre, -n   l'ambiance / l'atmosphère
egal   égal
   Weihnachten ist ihm egal.   Noël lui est égal.
s Essen, -   le repas
r Kitsch   le kitsch
kommerziell   commercial
e Mitternacht   minuit
Prost Neujahr!   Bonne Année!
e Rakete, -n   la fusée / le feu d'artifice
r Schatz, -̈e   le trésor
r Sekt   le champagne
r Spaß, -̈e   le plaisir
viel Glück   beaucoup de bonheur
ziemlich   assez
   ziemlich egal   assez égal

Seite 74

besorgen   se procurer
deutlich   distinctement / clairement
eingeladen   invité
r Flug, -̈e   le vol
grüß dich   salut / bonjour
r Japaner, -   le Japonais
e Japanerin, -nen   la Japonaise
r Monatsname, -n   le nom des mois
Ostern   Pâques
stören   déranger / gêner
unterstreichen, unterstreicht, hat unterstrichen   souligner, souligne, a souligné
was für ein   quel
   Was für ein Tag ist das?   Quel jour est-ce ? / Quel jour sommes-nous ?

Seite 75

auf·halten, hält auf, hat aufgehalten   retenir, retient, a retenu
e Eile   la hâte
   in Eile sein   être pressé
eilig   pressé
   es eilig haben   être pressé
ein·laden, lädt ein, hat eingeladen   inviter, invite, a invité
   zu einem Kaffee einladen   inviter pour un café
r Erfolg, -e   le succès
   Viel Erfolg!   Beaucoup de succès!
erledigen   à faire
gute Fahrt   bon voyage
Ferien (pl)   les vacances
e Hochzeitsfeier, -n   l'anniversaire de mariage
e Klausur, -en   le partiel
morgen früh   demain matin
morgen Nachmittag   demain après-midi
nett   gentil
   Das ist nett von Ihnen.   C'est gentil de votre part.
e Party, -s   la soirée
r Urlaubstag, -e   le jour de vacances

Viel Spaß! *Amuse-toi bien ! /*
Amusez-vous bien !
wünschen *souhaiter*

Seite 76

r Anlass, Anlässe *l'occasion*
beste *meilleurs*
die besten Wünsche *les meilleurs souhaits*
r Doktorhut, ⸚e *la barrette de docteur*
e Farbe, -n *la couleur*
fröhlich *joyeux*
fröhliche Weihnachten *joyeux Noël*
e Führerscheinprüfung, -en *l'examen du permis de conduire*
r Glückwunsch, ⸚e *le souhait de bonheur*
herzlichen Glückwunsch *tous mes voeux*
e Hochzeit, -en *le mariage*
e Karte, -n *la carte*
s Paar, -e *le couple*
e Rose, -n *la rose*
e Torte, -n *le gâteau*
r Wunsch, ⸚e *le souhait*

Seite 77

alles Gute *tous mes vœux*
böse *fâché*
Hoffentlich bist du nicht böse.
J'espère que tu n'es pas fâché.
e CD-ROM, -s *le CD-ROM*
s Computerspiel, -e *le jeu informatique*
damit *avec*
Wir wünschen euch damit viel Spaß.
Nous vous souhaitons de bien vous amuser avec.
glücklich *heureux*
Ein glückliches neues Jahr. *Une heureuse année.*
e Grußkarte, -n *la carte*
herzliche Grüße *bien amicalement*
s Lebensjahr, -e *l'année*
nachträglich *avec retard*

verreisen, ist verreist *être en voyage,*
est en voyage
zu zweit *à deux*

Lektion 8

Seite 78

e Banane, -n *la banane*
r Becher, - *le pot*
e/s Cola, -s *le coca-cola*
e Dose, -n *la boîte*
s Getränk, -e *la boisson*
s Glas, ⸚er *le bocal*
zwei Gläser Gurken *deux bocaux de cornichons*
e Gurke, -n *le cornichon*
r/s/e Jogurt *le yaourt*
e Kasse, -n *la caisse*
an der Kasse *à la caisse*
r Kuchen, - *le gâteau*
r Liter, - *le litre*
e Margarine *la margarine*
e Marmelade *la confiture*
e Milch *le lait*
e Nudel, -n *les pâtes*
e Praline, -n *le chocolat (la crotte en chocolat)*
e Sahne *la crème (fraîche, fouettée, Chantilly)*
r Salat, -e *la salade*
e Schachtel, -n *la boîte*
r Senf *la moutarde*
s Stück, -e *le morceau / la part*
drei Stück Kuchen *trois morceaux (parts) de gâteau*
e Tube, -n *le tube*
e Tüte, -n *le paquet*
s Würstchen, - *la saucisse*

Seite 79

ab·nehmen, nimmt ab, hat abgenommen
maigrir, maigrit, a maigri

..., weil ich abnehmen will.
..., parce que je veux maigrir.
e Birne, -n *la poire*
bitter *amer*
Das ist mir zu bitter. *Je trouve ça trop amer.*
e Bohne, -n *le haricot*
r Durst *la soif*
Durst haben *avoir soif*
fett *gras*
Das ist mir zu fett. *Je trouve ça trop gras.*
s Fischstäbchen, - *le bâtonnet de poisson*
r Gänsebraten, - *l'oie rôtie*
s Geflügel *la volaille*
s Gemüse *le légume*
gesund *sain*
grillen *faire des grillades*
e Holzkohle *le charbon de bois*
r Hundekuchen, - *le biscuit pour chien*
r Kartoffelsalat, -e *la salade de pommes de terre*
s Kotelett, -s *la côtelette*
lieber *mieux*
lieber mögen *aimer mieux / préférer*
s Mehl *la farine*
mögen, mag, hat gemocht / hat mögen *aimer, aime, a aimé*
r Nudelsalat, -e *la salade de pâtes*
s Obst *le fruit*
s Paket, -e *le paquet*
r Pfeffer *le poivre*
probieren *essayer / goûter*
den Kartoffelsalat probieren *goûter la salade de pommes de terre*
salzig *salé*
sauer *acide*
scharf *fort*
Pfeffer ist mir zu scharf. *Je trouve le poivre trop fort.*
s Schweinefleisch *la viande de porc*
so viele *(au)tant de*
Spagetti / Spaghetti (pl) *le spaghetti*

süß *sucré*
Der Kuchen ist mir zu süß. *Je trouve le gâteau trop sucré.*
weil *parce que*
e Weintraube, -n *le raisin*
e Zitrone, -n *le citron*
r Zucker *le sucre*

Seite 80

am besten *le mieux*
am liebsten *le mieux / le plus*
am meisten *le plus*
auch noch *encore d'autres*
r Augenblick, e *l'instant / le moment*
e Bedienung, -en *la serveuse / le serveur / le service*
beobachten *observer*
besonders *particulièrement*
r Blick, -e *le regard*
r Buntstift, -e *le crayon de couleur*
s Café, -s *le café*
Dann kann man nichts machen. *Alors on ne peut plus rien faire.*
e Decke, -n *la nappe*
Alle Tische haben Decken. *Toutes les tables ont une nappe.*
dicht *tout / très*
dicht vor die Nase halten *avoir tout (très) près du nez*
die da *celle-là*
eben *comme ça*
... dann war's das eben. *... Ça devait être comme ça.*
r Eisbecher, - *la coupe de glace*
r Eistee *le thé glacé*
erst mal *d'abord*
flüchtig *rapidement / fugitivement*
e Garderobe, -n *le vestiaire*
genug *assez*
groß genug *assez grand*
graublau *gris-bleu*
heiß *chaud / brûlant*
heute Nacht *cette nuit*
immer noch nicht *toujours pas*
immer noch nichts *toujours rien*

irgendwie   *n'importe comment*
r Kaffeefleck, -e(n)   *la tache de café*
s Kännchen, -   *la petite cafetière*
kein … mehr   *plus*
  Ich habe keinen Hunger mehr.   *Je n'ai plus faim.*
e Kellnerin, -nen   *la serveuse*
e Kirschtorte, -n   *la tarte (le gâteau) aux cerises*
klappen   *marcher / aller bien*
klar   *clair / compris*
  Alles klar!   *Tout est clair ! / J'ai compris !*
klein   *petit*
  in kleinen Schlucken   *à petites gorgées*
s Kleinkind, -er   *le petit enfant*
r Kognak, -s   *le cognac*
leer   *vide*
e Liebe   *l'amour*
e Limonade, -n   *la limonade*
macht nichts   *ça ne fait rien*
mögen   *pouvoir*
  Wie alt mag sie sein?   *Quel âge peut-elle bien avoir ?*
na gut   *bon*
r Nachbartisch, -e   *la table voisine*
nachts   *la nuit*
e Nase, -n   *le nez*
nervös   *nerveux*
nur nicht   *surtout pas*
  Nur nicht nervös werden!   *Ne pas être nerveux surtout !*
Platz nehmen   *prendre place*
e Probe, -n   *la répétition*
r Puls   *le cœur / le pouls*
reden   *parler*
r Regisseur, -e   *le metteur en scène*
e Rolle, -n   *le rôle*
rot   *rouge*
schlagen   *battre*
  Mein Puls schlägt 150.   *Mon coeur (pouls) bat à 150.*
r Schluck, -e   *la gorgée*
sicher   *sûrement*

Sicher hat er seine Brille vergessen.
  Il a sûrement oublié ses lunettes.
sollen   *devoir*
  Dann sollen sie es ohne mich machen.
  Ils devront continuer sans moi.
sowieso   *de toute façon*
  sowieso nicht   *de toute façon pas*
e Speisekarte, -n   *la carte*
e Stimme, -n   *la voix*
stimmt so   *ça va comme ça*
r Strich, -e   *le trait*
e Tischdecke, -n   *la nappe*
r Tischnachbar, -n   *le voisin*
überlegen   *réfléchir*
  Keine Zeit zum Überlegen.   *Pas le temps de réfléchir.*
versprechen, verspricht, hat versprochen
  promettre, promet, a promis
vorsichtig   *prudemment*
e Wange, -n   *la joue*
wenn   *si*
  Wenn Maria kommt, hat sie eine Nachricht.   *Si Maria vient, elle aura une nouvelle.*
werden, wird, ist geworden   *devenir, devient, est devenu*
  nervös werden   *devenir nerveux*
e Zeitung, -en   *le journal*
zurück·schauen   *regarder en arrière / derrière*

Seite 81
---

r Mund, ⁻er   *la bouche*
r Superlativ, -e   *le superlatif*
s Theaterstück, -e   *la pièce de théâtre*

Seite 82
---

als   *que*
  Er frühstückt früher als die Familie.   *Il prend son petit déjeuner plus tôt que la famille.*
aus·probieren   *essayer*
e Aussage, -n   *l'affirmation*
besser   *mieux*

Sie verträgt Tee besser als Kaffee.
Elle supporte mieux le thé que le café.
r Braten, - *le rôti*
s Brot, -e *le pain*
s Dessert, -s *le dessert*
   Als Dessert gibt es … *Comme dessert, il y a …*
e Erdbeere, -n *la fraise*
r Honig *le miel*
r Kalbsbraten, - *le rôti de veau*
e Kantine, -n *la cantine*
e Kirsche, -n *la cerise*
r Knödel, - *la quenelle / la boulette*
r Komparativ, -e *le comparatif*
r Lammbraten, - *le rôti d'agneau*
mittags *le midi*
s Müsli *le muesli*
r Orangensaft *le jus d'orange*
s Rezept, -e *la recette*
e Scheibe, -n *la tranche*
   eine Scheibe Brot *une tranche de pain*
r Schinken, - *le jambon*
s Schwarzbrot, -e *le pain noir*
r Schweinebraten, - *le rôti de porc*
sondern *mais*
   Er frühstückt nicht viel, sondern isst lieber gut zu Mittag. *Il ne prend pas grand chose au petit déjeuner, mais préfère bien manger le midi.*
e Sonne, -n *le soleil*
Süddeutschland *l'Allemagne du Sud*
e Suppe, -n *la soupe*
vertragen, verträgt, hat vertragen *supporter, supporte, a supporté*
   Sie verträgt Tee besser als Kaffee. *Elle supporte mieux le thé que le café.*
r Weinberg, -e *le vignoble / la vigne*
zuerst *d'abord*
   Es gibt zuerst Suppe. *Il y a d'abord de la soupe.*

Seite 83

an·bieten, bietet an, hat angeboten *offrir, offre, a offert*

einen Stuhl anbieten *offrir une chaise*
r Appetit *l'appétit*
ausgezeichnet *excellent*
s Bargeld *l'argent liquide / les espèces*
beide *tous les deux*
   Sie essen beide eine Vorspeise. *Ils mangent tous les deux une entrée.*
dabei·haben, hat dabei, hatte dabei, hat dabeigehabt *avoir sur soi, a sur soi, avait sur soi, a eu sur soi*
danke gleichfalls *merci, pareillement (également)*
s Fleisch *la viande*
   ein Stück Fleisch *un morceau de viande*
gleichfalls *pareillement / également*
guten Appetit *bon appétit*
heißen *être*
   Wie heißt die Antwort? *Quelle est la réponse ?*
r Imperativ, -e *l'impératif*
s Omelett, -s *l'omelette*
reservieren *réserver*
satt *rassasié*
e Vorspeise, -n *l'entrée*
wieder·kommen, kommt wieder, ist wiedergekommen *revenir, revient, est revenu*
zum Wohl *à votre (ta) santé*

Seite 84

r Apfelsaft *le jus de pomme*
s Bananeneis *la glace à la banane*
e Hühnersuppe, -n *le potage au poulet*
e Intonation, -en *l'intonation*
r Rinderbraten *le rôti de boeuf*
r Traubensaft *le jus de raisin*
ungewöhnlich *inhabituel(lement)*
s Zitroneneis *la glace au citron*
e Zwiebelsuppe, -n *la soupe à l'oignon*

Seite 85

e Beilage, -n *l'accompagnement*
r Bohnensalat, -e *la salade de haricots*

danke schön   *merci bien / merci beaucoup*

das macht   *ça fait*

s Fass, ̈er   *le tonneau*
  Bier vom Fass   *de la bière pression*

e Fischplatte, -n   *le plat de poisson*

s Gasthaus, ̈er   *l'auberge*

e Gemüsesuppe, -n   *la soupe de légumes*

s Gericht, -e   *le plat*

r Gurkensalat, -e   *la salade de concombre*

s Hauptgericht, -e   *le plat principal*

r Hirsch, -e   *le cerf*

s Hirschragout, -s   *le ragoût de cerf*

inkl. (= inklusive)   *inclus*

kalt   *froid*

e Karte, -n (e Speisekarte)   *la carte*

s Käsebrot, -e   *l'assiette de fromage*

e Nachspeise, -n   *le dessert*

r Obstsalat, -e   *la salade de fruits*

e Pilzsoße, -n   *la sauce aux champignons*

Pommes frites (pl)   *les frites*

e Rechnung, -en   *l'addition*
  Bringen Sie mir bitte die Rechnung.
  Apportez-moi l'addition s'il-vous-plaît.

r Reis   *le riz*

e Rinderbouillon, -s   *le bouillon de boeuf*

r Rotwein, -e   *le vin rouge*

e Sahnesoße, -n   *la sauce à la crème*

s Salatteller, -   *l'assiette de salade*

s Schinkenbrot, -e   *l'assiette de jambon*

s Schnitzel, -   *l'escalope*

r Tomatensalat, -e   *la salade de tomate*

wählen   *choisir*
  Haben Sie gewählt?   *Avez-vous choisi ?*

e Weinkarte, -n   *la carte des vins*

r Weißwein, -e   *le vin blanc*

würde → werden   *voudriez → vouloir*
  Würden Sie mir … bringen?
  Voudriez-vous m'apporter … ?

s Wurstbrot, -e   *l'assiette de saucisson*

s Bauernfrühstück   *le petit déjeuner paysan*

braten, brät, hat gebraten   *faire revenir, fait revenir, a fait revenir*

s Bund, -e   *le bouquet*
  ein Bund Petersilie   *le bouquet de persil*

e Butter   *le beurre*

dazu·tun, tut dazu, hat dazugetan   *ajouter, ajoute, a ajouté*

s Ganze   *le tout*

gießen, gießt, hat gegossen   *verser, verse, a versé*

goldbraun   *bien doré*

hacken   *hacher*

e Kartoffelscheibe, -n   *la rondelle de pomme de terre*

e Petersilie   *le persil*

e Pfanne, -n   *la poêle*

schälen   *éplucher*

schlagen, schlägt, hat geschlagen   *battre, bat, a battu*
  Eier schlagen   *battre les oeufs*

streuen   *parsemer*

vermischen   *mélanger*

r Würfel, -   *le dé*
  in Würfel schneiden   *couper en dés*

würzen   *assaisonner*

e Zutat, -en   *l'ingrédient*

r Zwiebelwürfel, -   *le dé d'oignon*

Lektion 9

aus·schlafen, schläft aus, hat ausgeschlafen   *faire la grasse matinée, fait la grasse matinée, a fait la grasse matinée*

decken   *mettre*
  den Tisch decken   *mettre la table / le couvert*

gelingen, gelingt, ist gelungen   *réussir, réussit, a réussi*

Es gelingt ihnen nicht, … *Ils n'ont pas réussi …*
gleichzeitig *en même temps*
r Mixer, - *le mixeur*
e Steckdose, -n *la prise de courant (prise femelle)*
stecken *brancher*
  in die Steckdose stecken *brancher la prise*
r Stecker, - *la prise (mâle)*
streichen, streicht, hat gestrichen *peindre, peint, a peint*
r Tango *le tango*
versuchen *essayer*
weiter·tanzen *continuer à danser*

Seite *89*

r Besen, - *le balai*
bohren *percer*
e Bohrmaschine, -n *la perceuse*
s Bügeleisen, - *le fer à repasser*
damit *pour que*
  …, damit die Farbe trocken wird.
  … pour que la couleur sèche.
r Föhn, -e *le séchoir à cheveux*
glatt *lisse*
r Kochlöffel, - *la cuiller à pot*
s Meer, -e *la mer*
nach·schlagen, schlägt nach, hat nachgeschlagen *chercher, cherche, a cherché*
öffnen *ouvrir*
reizen *piquer*
  …, damit die Zwiebeln nicht die Augen reizen. *… pour que les oignons ne lui piquent pas les yeux.*
s Schlagzeug, -e *la batterie*
schützen *protéger*
steif *ferme*
  …, damit die Sahne steif wird.
  … pour que la crème soit bien ferme.
stützen *caler*
e Taucherbrille, -n *les lunettes de plongée*

trocknen *sécher*
um … zu *pour*
  …, um die Haare zu trocknen.
  … pour se sécher les cheveux.
wackeln *être bancale*
wozu *à quoi*
  Wozu kann man das benutzen?
  À quoi ça sert ?
e Zange, -n *la pince*

Seite 90

ab·bauen *démonter*
  Schränke und Regale abbauen
  démonter les armoires et les étagères
ab·holen *emporter*
an·bringen, bringt an, hat angebracht *inscrire, inscrit, a inscrit*
  ein Namensschild anbringen *écrire le nom sur une étiquette*
r Apfelbaum, ¨e *le pommier*
s Aquarium, -rien *l'aquarium*
auf·gehen, geht auf, ist aufgegangen *s'ouvrir, s'ouvre, s'est ouvert*
  Die Tür geht auf. *La porte s'ouvre.*
auf·schieben, schiebt auf, hat aufgeschoben *pousser, pousse, a poussé*
  Vorsichtig schiebt sie die Tür auf.
  Il pousse prudemment la porte.
auf·stoßen, stößt auf, hat aufgestoßen *pousser, pousse, a poussé*
  Jemand stößt die Tür auf. *Quelqu'un pousse la porte.*
s Augenpaar, -e *la paire d'yeux*
aus·packen *déballer*
e Aussicht, -en *la vue*
  die Aussicht vom Balkon *la vue du balcon*
befreien *libérer*
bemerken *remarquer*
biegen, biegt, hat gebogen *tourner, tourne, a tourné*
  um die Ecke biegen *tourner au coin*
s Blatt, ¨er *la feuille*
blitzschnell *à la vitesse de l'éclair*

r Briefkasten, ⸚   *la boîte aux lettres*
r Briefkastenschlüssel, -   *la clé de la boîte aux lettres*
s Chaos   *le chaos / le désordre*
e Couch, s/-en   *le divan*
dass   *que*
   Sie bemerkt, dass Tauben auf den Baum fliegen.   *Il remarque que des pigeons volent dans l'arbre.*
doch   *bien*
   Sie denkt, dass die zwei vielleicht doch ganz nett sind.   *Il pense que les deux sont peut-être bien gentils.*
e Decke, -n (e Zimmerdecke)   *le plafond*
   An der Decke brennt eine Glühbirne.   *Une ampoule brille au plafond.*
direkt   *juste*
drinnen   *à l'intérieur*
dunkel   *sombre*
e Ecke, -n   *le coin*
   Langsam biegt ein Lastwagen um die Ecke.   *Un camion tourne lentement au coin.*
ein·fallen, fällt ein, ist eingefallen   *se rappeler, se rappelle, s'est rappelé*
   Da fällt ihr ein, dass …   *Alors il se rappelle, qu'il…*
ein·ziehen, zieht ein, ist eingezogen   *emménager, emménage, a emménagé*
entdecken   *découvrir*
entkommen, entkommt, ist entkommen   *s'échapper, s'échappe, s'est échappé*
erschrecken, erschrickt, ist erschrocken   *avoir peur, a peur, a eu peur*
fallen, fällt, ist gefallen   *tomber, tombe, est tombé*
fehlen   *manquer*
   Die Vorhänge fehlen.   *Il manque les rideaux.*
flüchten, ist geflüchtet   *fuir, a fui*
r Flur, -e   *le couloir*
fürchten   *craindre*
   Sie fürchtet, dass …   *Elle craint que …*

gefangen   *prisonnier, prisonnière*
gestrichen   *peint*
   Das Haus ist weiß gestrichen.   *La maison est peinte en blanc.*
gleich   *tout de suite*
   …, dass sie gleich im Zimmer sind.   *…, qu'ils soient tout de suite dans la pièce.*
e Glühbirne, -n   *l'ampoule*
greifen, greift, hat gegriffen   *attraper, attrape, a attrapé*
herrschen   *régner*
   es herrscht Chaos   *le désordre règne*
r Horizont, -e   *l'horizont*
jagen   *se précipiter*
   Blitzschnell jagt sie zur Tür.   *Il se précipite à la vitesse de l'éclair vers la porte.*
jemand   *quelqu'un*
e Kaffeemaschine, -n   *la machine à café*
r Karton, -s   *le carton*
e Kassette, -n   *la cassette*
r Keks, -e   *le biscuit*
klopfen   *battre*
   Ihr Herz klopft.   *Son cœur bat.*
   Jemand klopft an die Tür.   *Quelqu'un frappe à la porte.*
r Lastwagen, -   *le camion*
los·gehen, geht los, ist losgegangen   *s'en aller, s'en va, s'en est allé*
   Dann geht es los.   *Alors on s'en va.*
e Mitte   *le milieu*
möglich   *possible*
   so schnell wie möglich   *aussi vite que possible*
näher   *plus près*
s Namensschild, -er   *l'étiquette avec le nom*
oben   *haut*
   nach oben   *vers le haut / en haut*
ohne … zu   *sans*
   ohne Pause zu machen   *sans s'arrêter*
r Plastiksack, ⸚e   *le sac en plastique*
räumen   *ranger*

Jeden Karton räumen sie in ihren Lastwagen. *Ils rangent chaque carton dans leur camion.*
e **Reparatur, -en** *la réparation*
zur Reparatur abholen *emporter en réparation*
e *Sache, -en* *l'affaire*
Es ist schwierig, die Sachen zu finden. *C'est difficile de trouver les affaires.*
r **Schatten, -** *l'ombre*
schleppen *tirer*
schließen, schließt, hat geschlossen *fermer, ferme, a fermé*
die Augen schließen *fermer les yeux*
schließlich *à la fin*
r **Schritt, -e** *le pas*
schwarz *noir*
schwierig *difficile*
e Shampooflasche, -n *la bouteille de shampoing*
sicher *en sécurité*
Da ist sie sicher. *Là, il est en sécurité.*
sogar *même*
Sie bekommt sogar einen Keks. *On lui donne même un biscuit.*
r Spiegelschrank, ¨e *l'armoire à glace*
r **Sprung, ¨e (sportlich/Tier)** *le saut*
spüren *sentir*
stecken *se trouver*
Die Zeitungen stecken in den Briefkästen. *Les journaux se trouvent déjà dans la boîte aux lettres.*
still *tranquillement*
stoßen, stößt, ist / hat gestoßen *heurter, heurte, a heurté*
r **Teil, -e** *la partie*
die Teile an die Seite stellen *poser les parties sur le côté*
tragen, trägt, hat getragen *porter, porte, a porté*
Kartons tragen *porter des cartons*
e **Treppe, -n** *l'escalier*
s Treppenhaus, ¨er *l'escalier de la maison*
r Türspalt, -e *la fente de la porte*

überall *partout*
um·fallen, fällt um, ist umgefallen *se renverser, se renverse, s'est renversé*
umgekehrt *à l'envers*
unglaublich *incroyable(ment)*
unruhig *agité*
unten *en bas*
s Versteck, -e *la cachette*
voll *plein(e)*
Die Dusche ist voll mit Plastiktüten. *La douche est pleine de sacs en plastique*
von selbst *de lui-même / tout seul*
vorbei·ziehen, zieht vorbei, ist vorbeigezogen *défiler, défile, a défilé*
r **Vorhang, ¨e** *le rideau*
wachsen, wächst, ist gewachsen *pousser, pousse, a poussé*
s Waschbecken, - *le lavabo*
weiß *blanc*
e Wohnungstür, -en *la porte de l'appartement*
zittern *trembler*
zusammengerollt *roulé*

Seite 91

e **Chance, -n** *la chance*
r Einzug *l'emménagement*
jede *chaque*
mit·fahren, fährt mit, ist mitgefahren *aller avec, va avec, est allé avec*
r Umzug, ¨e *le déménagement*

Seite 92

auf·hängen, hängt auf, hat aufgehängt *accrocher, accroche, a accroché*
aus·messen, misst aus, hat ausgemessen *mesurer, mesure, a mesuré*
breit *large*
e **Breite, -n** *la largeur*
dabei sein, ist dabei, war dabei, ist dabei gewesen *être en train de, est en train de, a été en train de*
erwarten *attendre*

s Esszimmer, - *la salle à manger*
e Höhe, -n *la hauteur*
kitschig *kitsch*
e Länge, -n *la longueur*
länger *plus long*
    etwas ist länger als … *quelque chose est plus long que …*
s Maßband, ⁻er *le mètre en ruban*
messen, misst, hat gemessen *mesurer, mesure, a mesuré*
mitten *au milieu de*
    mitten in der Wand *au milieu du mur*
r Nachbar, -n *le voisin*
r Rahmen, - *le cadre*
romantisch *romantique*
e Soße, -n *la sauce*
stark *fort(e)*
    die Glühbirne ist nicht stark *l'ampoule n'est pas forte*
e Stromleitung, -en *les fils électriques*
e Tante, -n *la tante*
e Tapete, -n *le papier peint*
überrascht *surpris*
r Vermieter, - *le loueur*
vor·schlagen, schlägt vor, hat vorgeschlagen *proposer, propose, a proposé*
s Watt, - *le watt*
wiederholen *répéter*
r Zentimeter, - *le centimètre*

Seite 93

s Arbeitszimmer, - *le bureau*
aus·sehen, sieht aus, hat ausgesehen *avoir l'air, a l'air, a eu l'air*
r Baumarkt, ⁻e *la foire aux meubles*
e Blumentapete, -n *le papier peint à fleurs*
r Couchtisch, -e *la table basse*
erst einmal *d'abord*
r Fernsehsessel, - *le fauteuil de télévision*
s Gästezimmer, - *la chambre d'amis*
gemeinsam *ensemble*
e Heizung, -en *le radiateur / le chauffage*

s Kino, -s *le cinéma*
s Möbelstück, -e *le meuble*
praktisch *pratique*
r Preis, -e (kostet) *le prix*
r / (s Österreich) Prospekt, -e *le prospectus*
r Psychologe, -n *le psychologue*
r Rentner, - *le retraité*
s Schlafsofa, -s *le canapé-lit*
s Schreibpult, -e *le secrétaire*
e Schriftstellerin, -nen *l'écrivain (femme)*
s Sonderangebot, -e *l'offre spéciale / la promotion*
e Tabelle, -n *le tableau*
tapezieren *tapisser*
unter·bringen, bringt unter, hat untergebracht *héberger, héberge, a hébergé*
    Gäste unterbringen *héberger des amis*
vor·haben, hat vor, hat vorgehabt *projeter, projette, a projeté*

Seite 94

r Bach, ⁻e *le ruisseau*
begrüßen *saluer*
s Boot, -e *le bateau*
s Dach, ⁻er *le toit*
auf die Nase fallen *tomber sur le nez*
fliegen sehen *voir voler*
r Fuß, ⁻e *le pied / la patte*
gute Nacht *bonne nuit*
heizen *chauffer*
liegen sehen *voir allongé*
r Motor, -en *le moteur*
nah *tout près de*
s Netz, -e *la toile*
r Ofen, ⁻ *le poêle*
s Ohr, -en *l'oreille*
r Pilot, -en *le pilote*
r Reisepass, ⁻e *le passeport*
s Schaf, -e *le mouton*
r Schnee *la neige*
s Shampoo, -s *le shampoing*
so ein *quel(le)*

So ein Glück!   *Quelle chance ! / Quel bonheur !*

e Socke, - n   *la chaussette*
sparen   *épargner / faire des économies*
toben   *faire du tapage*
voll   *plein de / recouvert de*
   Alles ist voll Schnee.   *Tout est plein de neige.*
r Wolf, ⁻e   *le loup*

Seite 95

r Aufzug, ⁻e   *l'ascenseur*
s Aussehen   *l'aspect*
Berliner Straße   *rue de Berlin*
das geht ja   *ça va*
das stimmt   *c'est vrai*
e Einweihungsparty, -s   *la pendaison de crémaillère*
e Feier, -n   *la fête*
e Gästetoilette, -n   *les toilettes des invités*
hell   *clair*
hoffen   *espérer*
m² → Quadratmeter   *m² → le mètre carré*
r Makler, -   *l'agent immobilier*
e Miete, -n   *le loyer*
   Wie viel Miete?   *Combien (paies-tu) de loyer ?*
r Monat, -e   *le mois*
   pro Monat   *par mois*
Nebenkosten (pl)   *les charges*
r Quadratmeter, -   *le mètre carré*
e Terrasse, -n   *la terrasse*

Seite 96

bieten, bietet, hat geboten   *offrir, offre, a offert*
drehen   *tourner*
s Einfamilienhaus, ⁻er   *la maison individuelle / le pavillon*
Fam. → Familie   *la famille*
fest   *fermement*
r Haustausch   *l'échange de maisons*

r Hinweis, -e   *l'indication*
e Lage, -n   *la situation*
r Mondsee   *le Mondsee*
Oberösterreich   *la Haute-Autriche*
tauschen   *échanger*
zu·drehen   *fermer*

Seite 97

e Abreise, -n   *le départ*
e Ankunft, ⁻e   *l'arrivée*
r Arzt, ⁻e   *le médecin*
r Ausflug, ⁻e   *l'excursion*
e Autowerkstatt, ⁻en   *le garage (l'atelier de réparation)*
beachten   *faire attention*
e Bitte, -n   *la demande*
ebenfalls   *également*
r Fall, ⁻e   *le cas*
   für alle Fälle   *en cas de besoin*
r Fensterladen, ⁻   *le volet*
e Feuerwehr, -en   *les pompiers*
s Garagentor, -e   *la porte du garage*
r Griff, -e   *la poignée*
r Hauptschalter, -   *l'interrupteur / le commutateur*
e Hauptsicherung, -en   *le disjoncteur*
r Hausschlüssel, -   *les clés de la maison*
r Kasten, ⁻   *le coffre / le caisson*
e Kellertür, -en   *la porte de la cave*
klemmen   *se coincer*
e Kommode, -n   *la commode*
e Kontrolllampe, -n   *la lampe témoin*
e Kühlschranktür, -en   *la porte du réfrigérateur*
leuchten   *s'allumer*
e Liste, -n   *la liste*
e Müllabfuhr   *le ramassage des poubelles*
r Müllsack, ⁻e   *le sac poubelle*
e Null   *le zéro*
r Regler, -   *le régulateur / le thermostat*
e Sicherung, -en   *le fusible*
e Stufe, -n   *le numéro*
   auf Stufe I stehen   *être sur le (numéro) I*

auf Stufe III stellen   *mettre sur le (numéro) III*
r Trick, -s   *le truc*
tropfen   *goutter*
usw. (= und so weiter)   *etc. (= et cetera)*
Verschiedenes   *divers*
wählen   *composer*
eine Null wählen (am Telefon)   *composer le zéro*
s Warmwasser   *l'eau chaude*
r Wasserhahn, ¨e   *le robinet d'eau*
s WC, -s   *le WC*
zweimal   *deux fois / à deux reprises*

Lektion 10

Seite *98*

blau   *bleu*
e Blumenvase, -n   *le vase*
gelb   *jaune*
grün   *vert*
e Kohle, -n   *le charbon*
e Lippe, -n   *la lèvre*
vergleichen, vergleicht, hat verglichen   *comparer, compare, a comparé*

Seite *99*

dick   *gros*
r Pudding   *le pudding / le flan*
r Sahnesee, -n   *la mer de crème*

Seite *100*

ab·schneiden, schneidet ab, hat abgeschnitten   *couper, coupe, a coupé*
e Abwechslung, -en   *le changement*
aktuell   *actuel*
allerdings   *d'ailleurs*
r Alptraum, ¨e   *le cauchemar*
an·ziehen, zieht an, hat angezogen   *mettre, met, a mis*
   Ich wollte immer Jeans anziehen.   *Je voulais toujours mettre un jean.*

arm   *pauvre*
ausgesprochen   *carrément*
   Das findet Vera ausgesprochen langweilig.   *Vera trouve ça carrément ennuyeux.*
befestigen   *fixer / attacher*
beleidigt   *fâché / vexé*
bisher   *jusqu'à maintenant*
blond   *blond*
dafür   *de ce*
   ein Gefühl dafür, was ...   *un sens de ce qui ...*
damals   *autrefois*
diskutieren   *discuter*
doch   *ou*
   Oder doch?   *Ou bien ?*
ehrlich   *sincère*
   eine ehrliche Antwort   *une réponse sincère*
eigen   *propre*
   einen eigenen Stil entwickeln   *développer un style propre*
einzig   *seul / unique*
   der einzige Konflikt   *le seul conflit*
eng   *étroit / serré*
entwickeln   *développer*
entzückend   *ravi*
erstens   *premièrement*
erwachsen   *adulte*
r /e Erwachsene, -n *(ein Erwachsener)*   *l'adulte (un adulte)*
flach   *plat*
   flache Schuhe   *des chaussures plates*
r Fleck, -e(n)   *la tache*
e Frage, -n   *la question*
frech   *effronté*
r Friseur, -e   *le coiffeur*
e Frisur, -en   *la coiffure*
s Geburtstagsgeschenk, -e   *le cadeau d'anniversaire*
r Gedanke, -n   *la réflexion*
s Gefühl, -e   *le sens / le sentiment*
gelegentlich   *à l'occasion*
genauso   *tout aussi / tout autant*

r Geschmack, ⁼e (einen guten / schlechten Geschmack haben)   le goût
(avoir bon / mauvais goût)
grau   gris
haben wollen   vouloir avoir
Sie wollte unbedingt … haben.   Elle
voulait absolument avoir… .
hassen   haïr / détester
hässlich   affreux / hideux / laid
heimlich   en cachette
hohe (Schuhe)   des chaussures à talons
e Hose, -n   le pantalon
irgendwann   à un certain moment
e Jeans, -   le jean
r Juwelier, -e   le bijoutier
kämmen   coiffer / peigner
die Haare kämmen   coiffer / peigner
(les cheveux)
s Kleid, -er   la robe
klettern, ist geklettert   grimper, a
grimpé
auf Bäume klettern   grimper aux arb-
res
r Kompromiss, -e   le compromis
r Konflikt, -e   le conflit
leicht   facile
es leicht haben   c'est facile (pour
quelqu'un)
r Leser, -   le lecteur
e Leserin, -nen   la lectrice
s Mal, -e   la fois
bis zum nächsten Mal   à la prochaine
fois
e Meinung, -en   l'avis
mit·machen   suivre
jede Mode mitmachen   suivre chaque
changement de mode
e Mode, -n   la mode
e Modenschau, -en   le défilé de mode
modern   moderne
na   alors
r Nachthimmel   le ciel nocturne
nämlich   en effet
r Nervenzusammenbruch, ⁼e   la crise de
nerfs

neulich   récemment
e Nichte, -n   la nièce
r Ohrring, -e   la boucle d'oreille
pervers   pervers
r Plan, ⁼e   le plan / le projet
Pläne haben   avoir des plans / des
projets
privat   privé / propre
protestieren   protester
r Pullover, -   le pullover
s Recht, -e   le droit / la raison
Recht haben   avoir raison
das Recht haben zu …   avoir le droit
de …
e Redakteurin, -nen   la journaliste
renovieren   remettre à neuf / repeindre
r Ring, -e   l'anneau
r Rock, ⁼e (= Damenrock)   la jupe
e Sache, -en (= Kleidung)   le vêtement
Ständig kauft sie neue Sachen.   Elle
achète sans arrêt de nouveaux vêtements.
schlimm   grave
das Schlimmste verhindern   empêcher / éviter le pire
s Schmuckstück, -e   le bijou
schrecklich   affreux / horrible
schreckliche Alpträume   des cauche-
mars horribles / affreux
s Schuljahr, -e   l'année scolaire
sich   se
sich Gedanken machen   se préoccu-
per de / réfléchir sur
sicher   sûr / certain
er ist sicher, dass …   il est sûr / certain que …
sollen   devoir / pouvoir
Was soll ich tun?   Qu'est-ce que je
dois / peux faire?
speziell   spécial
ständig   constamment
stehen, steht, hat gestanden   aller, va,
est allé
Wie steht mir das?   Comment ça me
va ?

r **Stein, -e** *la pierre*
r Stil, -e *le style*
den eigenen Stil entwickeln *développer un style propre / personnel*
streiten, streitet, hat gestritten *se disputer, se dispute, s'être disputé*
s **Thema, Themen** *le thème / le sujet*
üblich *courant*
unbequem *inconfortable*
unendlich *infini*
s Universum, -versen *l'univers*
unpraktisch *peu pratique*
urteilen *juger*
verhindern *empêcher*
verrückt *idiot / fou*
verstehen *comprendre*
Ein Erwachsener kann ihn nicht verstehen. *Un adulte ne peut pas le comprendre.*
s **Verständnis** *la compréhension*
weit *large / ample*
weite Kleidung *un vêtement ample*
wenn (= immer wenn, sobald) *lorsque*
Wenn ich sie treffe, ist ihre erste Frage immer … *Lorsque je la rencontre, sa première question est toujours …*
r Wutanfall, ¨e *l'accès de fureur*
e Zimmerdecke, -n *le plafond de la pièce*
r Zopf, ¨e *la tresse / la natte*

Seite 101

behalten, behält, hat behalten *garder, garde, a gardé*
ihre Zöpfe behalten *garder ses nattes*
demnächst *un de ces jours / sous peu*
einfach *simple*
ein einfacher Kleidungsstil *une manière simple de s'habiller*
ihrer (Dativ) *à sa*
r Kleidungsstil, -e *la manière de s'habiller*
noch mehr *encore plus de*
obwohl *bien que*

r **Schmuck** *le bijou*
s Sonntagskleid, -er *la robe du dimanche*

Seite 102

auf·haben *avoir (sur la tête)*
eine Mütze aufhaben *avoir une casquette / un bonnet*
e **Dame, -n** *la dame*
darin *dedans*
r Dialog, -e *le dialogue*
r **Dieb, -e** *le voleur*
r Diebstahl, ¨e *le vol*
dieser *ce / cet*
r **Kollege, -n** *le collègue*
e Lederjacke, -n *la veste / le blouson de cuir*
linke *gauche*
das linke Ohr *l'oreille gauche*
melden *déclarer*
einen Diebstahl melden *déclarer un vol*
merken *remarquer*
s Polizeirevier, -e *le commissariat de police*
rothaarig *roux / rouquin*
schmal *étroit*
stehlen, stiehlt, hat gestohlen *voler, vole, a volé / dérober, dérobe, a dérobé*
e U-Bahn, -en *le métro*
weg·reißen, reißt weg, hat weggerissen *arracher, arrache, a arraché*
zum Glück *par bonheur*

Seite 103

blöd *idiot*
etwas blöd finden *trouver quelque chose idiot*
braun *marron / brun*
s **Hemd, -en** *la chemise*
lächerlich *ridicule*
leihen, leiht, hat geliehen *emprunter, emprunte, a emprunté*

mit·nehmen, nimmt mit, hat mitgenom-
   men   *emporter, emporte, a emporté*
r Nerv, -en   *le nerf*
   auf die Nerven gehen   *porter sur les*
   nerfs
Ratschläge (pl)   *les conseils*
r Schal, -s   *l'écharpe*
schmutzig   *sale*
sollen   *pouvoir bien être*
   Was für Ferien sollen das sein?
   Qu'est-ce que c'est que ces vacances ?
so viel   *au(tant)*
r Witz, -e   *la blague*

Seite *104*

hübsch   *joli*
   eine hübsche Puppe   *une jolie*
   poupée
r Kater, -   *le matou*
leicht   *léger*
   eine leichte Flasche   *une bouteille*
   légère
e Mauer, -n   *le mur*
scharf   *aiguisé*
   ein scharfes Messer   *un couteau*
   aiguisé
schlau   *rusé*
schwer   *lourd*
   eine schwere Tasche   *un sac lourd*
steigen, steigt, ist gestiegen   *monter,*
   monte, est monté
   auf eine Mauer steigen   *monter sur*
   un mur
warm   *chaud*
   eine warme Mütze   *un bonnet chaud*
weich   *doux*
   eine weiche Puppe   *une poupée*
   douce / une poupée de chiffon

Seite *105*

drüben   *là-bas*
lassen, lässt, hat gelassen   *laisser, laisse,*
   a laissé
r Schirm, -e   *le parapluie*

wen   *qui*
   Wen meinst du?   *Qui veux-tu dire ?*

Seite *106*

bestehen   *être fait de*
   die Wände bestehen aus Büchern
   les murs sont faits de livres
daneben   *à côté*
darauf   *dessus*
darüber   *au-dessus*
darunter   *dessous / en dessous*
davor   *devant*
r Hintergrund, ¨e   *l'arrière-plan*
offen   *ouvert*
r Rand, ¨er   *le bord*
recht   *droit*
rund   *rond*

Seite *107*

e Ausstellung, -en   *l'exposition*
gefallen, gefällt, hat gefallen   *plaire,*
   plaît, a plu
   etw. hat mir gut gefallen   *quelque*
   chose m'a bien plu
r Himmel, -   *le ciel*
e Kunstausstellung, -en   *l'exposition*
   d'art
spazieren gehen   *se promener*
r Vordergrund   *le premier plan*

Lektion 11

Seite *108*

sich   *se*
   sich kämmen   *se coiffer / se peigner*

Seite *109*

r Arbeiter, -   *l'ouvrier*
r Automechaniker, -   *le mécanicien*
   garagiste
berichten   *faire un rapport*
bewerben (sich), bewirbt, hat beworben

poser sa candidature, pose, a posé
… & Co.   … & Co
demonstrieren   *manifester*
erkundigen (sich)   *se renseigner*
r Fahrplan, ¨e   *l'indicateur horaire*
handeln mit   *discuter*
Hausaufgaben (pl)   *les devoirs de classe*
e Konferenz, -en   *la conférence*
r Kunde, -n   *le client*
r Lehrling, -e   *l'apprenti*
r Lohn, ¨e   *le salaire*
r Manager, -   *le directeur*
e Marktfrau, -en   *la marchande*
r Patient, -en   *le patient*
e Prüfung, -en   *l'examen*
e Schülerin, -nen   *l'écolière*
e Stelle, -n   *le poste*
r Student, -en   *l'étudiant*
e Studentin, -nen   *l'étudiante*
teil·nehmen, nimmt teil, hat teilgenom-
   men   *participer, participe, a parti-
   cipé / prendre part, prend part, a pris
   part*
e Verkaufszahl, -en   *le prix de vente*
vor·bereiten   *préparer*

Seite *110*

s Abitur   *le baccalauréat*
e Abiturnote, -n   *la note du baccalauréat*
r Abschluss, ¨e   *la fin*
akzeptieren   *accepter*
anschließend   *immédiatement après*
ärgern (sich)   *se fâcher, se mettre en
   colère*
e Assistentin, -nen   *l'assistante*
auf·geben, gibt auf, hat aufgegeben
   *abandonner, abandonne, a aban-
   donné*
r Auftrag, ¨e   *la commande*
s Aupairmädchen, -   *la jeune fille au
   pair*
s Ausland   *l'étranger*
e Auslandsabteilung, -en   *le département étranger*

bauen   *construire*
bearbeiten   *travailler à*
r/e   Bekannte, -n (ein Bekannter)   *la
   relation (une relation)*
beruflich   *professionnel(lement)*
s Blut   *le sang*
e Bundeswehr   *l'armée*
daran   *y*
des   *de (+ complément de nom)*
   nach dem Abschluss des Studiums
   après la fin de mes études
doch nicht   *en fin de compte*
   …, dass ich doch nicht für den Beruf
   des Arztes geboren bin.   *…, qu'en fin
   de compte, je n'étais pas fait pour être
   médecin.*
r Doktor, -en   *le doctorat*
   seinen Doktor machen   *faire son doctorat*
r Ehemann, ¨er   *le mari*
ein·bauen   *installer*
ein·richten   *aménager*
e Einrichtung, -en   *l'aménagement*
s Enkelkind, -er   *le petit-fils*
e Entscheidung, -en   *la décision*
entschließen (sich), entschließt, hat ent-
   schlossen   *décider, décide, a décidé*
e Erfahrung, -en   *l'expérience*
erneuern   *rénover*
r Erziehungsurlaub   *le congé d'éducation*
r Fehler   *l'erreur*
e Filiale, -n   *la filiale*
finanzieren   *financer*
r Flugplatz, ¨e   *l'aérodrome*
fort·setzen   *poursuivre*
e Geburt, -en   *la naissance*
r Geschäftsführer, -   *le gérant*
e Grafikerin, -nen   *la graphiste*
r / e Große, -n   *le grand / la grande*
s Gymnasium, -sien   *le lycée*
s Handelsrecht   *le droit commercial*
e Hotelfachschule, -n   *l'école hôtelière*
interessieren (sich)   *s'intéresser*
international   *international*

41

internationales Handelsrecht   *droit commercial international*

inzwischen   *entre temps / dans l'intervalle*

s Jurastudium, -studien   *les études de Droit*

jemanden kaputt·machen   *tuer quelqu'un*

e Karriere, -n   *la carrière*

kennen lernen   *faire la connaissance*

die Kette, -n   *la chaîne*

die Steak-House-Kette   *la chaîne de grills*

s Kinderbuch, ¨er   *le livre pour enfants*

e Klasse, -n   *la classe*

s Klassentreffen, -   *la réunion d'anciens*

r/e Kleine, -n   *le petit / la petite*

r Koch, ¨e   *le cuisinier*

e Konkurrenz, -en   *la concurrence*

r Konzern, -e   *le groupe / le groupement*

r Kredit, -e   *le crédit*

kümmern (sich)   *s'occuper*

e Lehre, -n   *l'apprentissage*

s Märchenbuch, ¨er   *le livre de contes*

Mexico   *Mexico*

e Note, -n (= *Schulnote*)   *la note*

..., weil ich gute Noten hatte.

..., parce que j'avais de bonnes notes.

r Oldtimer, -   *l'Oldtimer*

das Oldtimer-Flugzeug   *l'Oldtimer / le coucou*

s Pech   *la déveine / la malchance*

e Philosophie, -n   *la philosophie*

e Praxis, Praxen   *le cabinet*

e Psychologie   *la psychologie*

e Rechtsanwältin, -nen   *l'avocate*

e Richterin, -nen   *la juge*

sammeln   *collectionner*

Erfahrungen sammeln   *collectionner les expériences*

e Sauna, -s/Saunen   *le sauna*

r Schüler, -   *l'écolier*

selbstständig   *indépendant / à son compte*

sich selbstständig machen   *se mettre à son compte*

s Semester, -   *le semestre*

sollen   *devoir*

Das soll auch so bleiben.   *Et ça doit rester comme ça.*

Sprachkenntnisse (pl)   *les connaissances linguistiques*

s Staatsexamen, -   *l'examen d'État / la licence*

stehen   *être*

an erster Stelle stehen   *être à la première place*

s Stipendium, -dien   *la bourse*

stolz   *fier*

e Tradition, -en   *la tradition*

übernehmen, übernimmt, hat übernommen   *prendre en charge, prend en charge, a pris en charge*

e Uni, -s   *l'université (la fac)*

e Universität, -en   *l'université*

unseres   *notre*

im Zentrum unseres Ortes   *au centre (cœur) de notre localité*

unterrichten   *enseigner*

e Urlaubsvertretung, -en   *le remplaçant / la remplaçante*

verbessern   *améliorer*

vergrößern   *agrandir*

verlaufen, verläuft, hat verlaufen   *se dérouler, se déroule, s'est déroulé*

..., wie ihr Leben seit dem Abitur verlaufen ist.   *..., comment leur vie s'est déroulée après le baccalauréat.*

r Verleger, -   *l'éditeur*

verlieben (sich)   *tomber amoureux*

e Welt, -en   *le monde*

Unser Sohn ist auf die Welt gekommen.   *Notre fils est venu au monde.*

e Werbeagentur, -en   *l'agence de publicité*

e Wirtschaft, -en   *l'économie*

r Zahnarzt, ¨e   *le dentiste*

Zahnschmerzen (pl)   *mal aux dents*

s Ziel, -e   *l'objectif*

r Zivildienst   *le service civil*
e Zivildienststelle, -n   *un poste dans le service civil*
zu viele   *trop de*
zunächst   *d'abord*
zurück·gehen, geht zurück, ist zurückge-gangen   *retourner, retourne, est retourné*
zurück·kommen, kommt zurück, ist zurückgekommen   *rentrer, rentre, est rentré*
zusammen·arbeiten   *travailler ensemble*

Seite 111

r Genitiv, -e   *le génitif*
r Rechtsanwalt, ̈e   *l'avocat*
e Zeitangabe, -n   *les indications de temps*

Seite 112

s Abiturzeugnis, -se   *le diplôme du baccalauréat*
s Abschlusszeugnis, -se   *le diplôme de fin d'études*
r Anfang, ̈e   *le début*
am Anfang   *au début*
aufs → auf   *au*
e Ausbildung, -en   *la formation*
bekannt machen   *se présenter*
bemühen (sich)   *solliciter*
sich um eine Lehrstelle bemühen   *solliciter une place d'apprenti*
e Fernsehdiskussion, -en   *le débat télévisé*
gar kein   *pas de … du tout*
e Grundschule, -n   *l'école primaire*
halbtags   *à mi-temps*
r Hauptschüler, -   *l'élève d'une école secondaire du premier cycle*
e Hochschule, -n   *l'établissement d'enseignement supérieur*
r Hörer, -   *l'auditeur*
e Hörerin, -nen   *l'auditrice*

e Lehrstelle, -n   *la place d'apprenti / l'apprentissage*
r Realschulabschluss, ̈e   *le brevet des collèges / le certificat de fin d'études au collège*
e Realschule, -n   *le collège*
r Salon, -s   *le salon*
r Schulabgänger, -   *l'élève qui a terminé sa scolarité*
r Schulbesuch, -e   *la fréquentation d'une école*
e Schulpflicht   *l'école obligatoire*
s Schulsystem, -e   *le système scolaire*
e Schulzeit, -en   *la scolarité*
e Sekundarschule, -n   *l'école secondaire*
unterhalten, unterhält, hat unterhalten (sich)   *discuter, discute, a discuté*
unterscheiden (sich), unterscheidet, hat unterschieden   *se différencier, se dif-férencie, s'est différencié*
verlassen, verlässt, hat verlassen   *quitter, quitte, a quitté*
verschieden   *différent / divers*
e Vorschule, -n   *l'école préparatoire*
wählen   *choisir*
zwischen verschiedenen Schulen wählen   *choisir entre différentes écoles*
wenige   *peu de*
r Zukunftsplan, ̈e   *le projet d'avenir*
e Zusage, -n   *l'assentiment / l'accepta-tion*

Seite 113

arbeitslos   *au chômage*
auf·regen (sich   *s'énerver, s'énerve, s'est énervé*
beklagen (sich)   *se plaindre*
e Dachdeckerin, -nen   *la couvreuse*
dumm   *idiot / bête*
dummes Zeug reden   *dire des idioties / des bêtises*
e Fernfahrerin, -nen   *la routière*
frei·haben   *avoir congé / être libre*

43

s Gehalt, ̈-er   le salaire
immer weniger   de moins en moins de
krank   malade
lustig   drôle
e Meisterprüfung, -en   le BEP
mit·helfen, hilft mit, hat mitgeholfen
 aider, aide, a aidé
r Mitschüler, -   le condisciple
s Tennisspiel, -e   le tennis
s Trinkgeld, -er   le pourboire
wem   qui
 Von wem?   de qui ?
worauf   à quoi
 Worauf bereitet sie sich vor?   À quoi
 se prépare-t-elle ?
worüber   de quoi
 Worüber freut sie sich?   De quoi se
 réjouit-elle ?
wovor   de quoi
 Wovor hat sie Angst?   De quoi a-t-elle
 peur ?
s Zeug   le truc
 dummes Zeug   trucs idiots / niaiseries

Seite 114

angeln   pêcher
r Beginn   le début
s Bein, -e   le pied (de table)
r Boden, ̈-   le fond (du canot pneumatique)
r Enkel, -   le petit-fils
s Feuer, -   le feu
sinken, sinkt, ist gesunken   couler,
 coule, a coulé / sombrer, sombre, a
 sombré
 Die Tante sinkt.   La tante coule.
steigen, steigt, ist gestiegen   descendre,
 descend, est descendu
 Sie steigt vom Rücken des Pferdes.
 Elle descend (du dos) du cheval.
s Ufer, -   la rive / le bord
wärmen (sich)   se (ré)chauffer

Seite 115

r Abteilungsleiter, -   le chef de section
r Arbeitsplatz, ̈-e   le poste
e Aufstiegsmöglichkeit, -en   la possibilité
 d'avancement
Da hast du aber Glück gehabt!   Là tu as
 vraiment eu de la chance !
ein·stellen   embaucher
 Sie wollten mich sofort einstellen.   Ils
 voulaient m'embaucher tout de suite.
erinnern (sich)   se rappeler
e Kollegin, -nen   la collègue
leisten (sich etwas)   se permettre
nicht einmal   même pas
Recht haben   avoir raison
überhaupt nicht   pas du tout
e Überraschung, -en   la surprise
 Das ist ja eine Überraschung!   En
 voilà une surprise !
e Verantwortung   la responsabilité
viel zu wenig   beaucoup trop peu
vor·stellen (sich etwas)   imaginer
 Das kann ich mir vorstellen.   Ça,
 j'imagine.
Was kann ich für dich / Sie tun?
 Qu'est-ce que je peux faire pour toi
 (vous) ?
weit   long
 einen weiten Weg haben   un long
 trajet
wohl fühlen (sich)   se sentir bien

Seite 116

r/e Angestellte, -n   l'employé(e)
 (ein Angestellter)   (un employé)
r Aufsichtsrat, ̈-e   le conseil d'administration
s Automobilunternehmen, -   l'entreprise
 d'automobiles
bekannt   connu
e Betriebswirtschaft   la gestion d'entreprise
r Direktor, -en   le directeur
s Elektronikunternehmen, -   l'entreprise
 d'électronique

44

e Exportabteilung, -en   *le service de l'export*
e Finanzabteilung, -en   *la section financière*
r Lebenslauf, ⸚e   *le curriculum vitae (CV)*
r Leiter, -   *le chef*
s Mitglied, -er   *le membre*
mittelgroß   *moyen*
e Möbelfirma, -firmen   *l'entreprise de meubles*
norddeutsch   *d'Allemagne du Nord*
r Ölkonzern, -e   *la société pétrolière*
steil   *en flèche*
   eine steile Karriere   *une carrière en flèche*
s Unternehmen, -   *l'entreprise*
r Waschmittelhersteller, -   *le fabriquant de détergents*
e Werkzeugmaschinenfabrik, -en   *la fabrique de machines-outils*

Afrika   *l'Afrique*
afrikanisch   *africain*
Anden   *les Andes*
Anfang 1999   *au début de 1999*
r Bäckermeister, -   *le maître boulanger*
beschäftigen (sich)   *s'occuper de*
Bolivien   *la Bolivie*
s Containerschiff, -e   *le porte-conteneurs*
s Dorf, ⸚er   *le village*
Ecuador   *l'Équateur*
eineinhalb   *un(e) et demi(e)*
geb. → geboren   *né*
r Journalist, -en   *le journaliste*
kaputt·gehen, geht kaputt, ist kaputtgegangen   *se casser, se casse, s'est cassé*
lang   *durant*
   zwei Jahre lang   *durant deux ans*
e Menge, -n   *la foule / la multitude*
   eine Menge afrikanischer Waren   *une multitude d'articles africains*
e Ölfirma, -firmen   *l'entreprise pétrolière*

e/(s Schweiz) Rallye, -s   *le rallye*
s Reiseerlebnis, -se   *l'aventure de voyage*
r Seemann, -leute   *le marin*
r Souvenirladen, ⸚   *la boutique de souvenirs*
e Sportveranstaltung, -en   *la rencontre sportive*
Südamerika   *l'Amérique du Sud*
e Tageszeitung, -en   *le quotidien (journal)*
r Tankwart, -e   *le pompiste*
unterbrechen, unterbricht, hat unterbrochen   *interrompre, interrompt, a interrompu*
Venezuela   *le Vénézuéla*
e Ware, -n   *la marchandise / l'article*
zurück·kehren, ist zurückgekehrt   *rentrer, est rentré*

e Autobahnraststätte, -n   *le restoroute*
r Dollar, -s   *le dollar*
erfolgreich   *avec succès*
r Flohmarkt, ⸚e   *le marché aux puces*
s Fotomodell, -e   *le mannequin*
r/e Fünfjährige, -n   *l'enfant de cinq ans*
(ein Fünfjähriger)   *(un enfant de cinq ans)*
r Fußballverein, -e   *le club de football*
r/s Grad, -e   *le degré*
e Gulaschsuppe, -n   *la soupe de goulash*
r Händler, -   *le marchand*
…-jährig   *âgé de …*
   80-jähriger Rentner   *le retraité âgé de 80 ans*
r Kölner, -   *de Cologne*
mit·spielen   *jouer (avec quelqu'un)*
s Original, -e   *l'original*
e Plastiktüte, -n   *le sac en plastique*
e Putzfrau, -en   *la femme de ménage*
s Radrennen, -   *la course de vélo*

r Schachclub, -s   *le club d'échecs*
e Schlagzeile, -n   *le titre / la manchette*
s Sommerfest, -e   *la fête estivale*
e Temperatur, -en   *la température*
s Turnier, -e   *le tournoi*

Seite *119*

als   *en + part. présent*
  als er sie vorsichtig aufmachte, ...
  en l'ouvrant avec précaution, ...
r Bankkaufmann, -leute   *le commercial*
  (du secteur bancaire)
Bauchschmerzen (pl)   *mal au ventre*
s Bauchweh   *mal au ventre*
Bayrischer Wald   *la Forêt Bavaroise*
empfehlen, empfiehlt, empfahl, hat
  empfohlen   *recommander, recom-
  mande, recommandait, recommanda,
  a recommandé*
e Ferienwohnung, -en   *l'appartement de
  vacances*
froh   *heureux / content*
e Generation, -en   *la génération*
Geschwister (pl)   *le frère et la soeur*
golden   *en or*
lohnen (sich)   *valoir le coup*
e Metalldose, -n   *la boîte métallique*
r Notdienst, -e   *les urgences*
pflanzen   *planter*
e Pilzvergiftung, -en   *l'intoxication par
  les champignons*
e Rückseite, -n   *le dos / le verso*
so oder so   *d'une manière ou d'une
  autre*
r Urgroßvater, ⁻   *l'arrière-grand-père*
e Verbform, -en   *la forme verbale*
voll   *plein*
  eine Tüte voll   *un plein sac*
e Wanderung, -en   *l'excursion / la promenade*
wenig später   *peu après*
r Zeitungsreporter, -   *le reporter / le correspondant*
r Zeitungstext, -e   *l'article de journal*
e Zusammenfassung, -en   *le résumé*

Seite *120*

ab·brechen, bricht ab, brach ab, hat / ist
  abgebrochen   *se casser, se casse, se
  cassait, se cassa, s'est cassé*
ab·montieren   *démonter*
allmählich   *peu à peu*
an·fahren, fährt an, fuhr an, ist   *démarrer, démarre, démarrait, démarra, a
  démarré*
  Der Lift fuhr an.   *L'ascenseur démarra.*
r Ast, ⁻e   *la branche*
aufrecht   *droit*
  aufrecht sitzen   *être assis tout droit*
**aus·gehen, geht aus, ging aus, ist ausge-
  gangen**   *s'éteindre, s'éteint, s'étei-
  gnait, s'éteignit, s'est éteint*
  das Licht ging aus   *la lumière s'éteignit*
ausländisch   *étranger*
aus·rutschen, ist ausgerutscht   *glisser, a
  glissé*
s Baumhaus, ⁻er   *une cabane (dans l'arbre)*
beugen (sich)   *se pencher*
r Dachboden, ⁻   *le grenier*
darauf   *suivant*
  am Freitag darauf   *le vendredi
  suivant*
defekt   *défectueux / abîmé*
die einen ... die anderen   *les uns ... les
  autres*
e Ecke, -n (Zimmerecke)   *le coin*
ein·cremen   *enduire de crème*
Einen Augenblick!   *Un instant !*
eines Morgens   *un matin*
eines Nachmittags   *un après-midi*
e Eisentür, -en   *la porte en fer*
r Elektriker, -   *l'électricien*
erleben   *vivre / subir*
s Erlebnis, -se   *l'aventure*
r Fahrstuhl, ⁻e   *l'ascenseur*
fangen, fängt, fing, hat gefangen   *commencer, commence, commençait,
  commença, a commencé*

**fest·halten, hält fest, hielt fest, hat fest-
gehalten**   *s'accrocher, s'accroche,
s'accrochait, s'accrocha, s'est accroché*
r Finger, -   *le doigt*
frei·kommen, kommt frei, kam frei, ist frei-
gekommen   *être libéré, est libéré,
était libéré, fut libéré, a été libéré*
e Gartenarbeit, -en   *le jardinage*
gefährlich   *dangereux*
s Geräusch, -e   *le bruit*
e Geschichte, -n   *l'histoire*
  Das mit der Katze war so eine
  Geschichte.   *Avec le chat, ça a été
  une drôle d'histoire.*
r Glückspilz, -e   *le veinard*
gut gehen   *aller bien*
  Das ist wieder einmal gut gegangen.
  Encore une fois, tout est allé bien.
r Hals, ̈-e   *le cou*
heraus·ziehen, zieht heraus, zog heraus,
  hat herausgezogen   *tirer (de), tire,
  tirait, tira, a tiré*
e Hilfe, -n   *l'aide*
r Hilferuf, -e   *l'appel au secours*
s Holzregal, -e   *l'étagère en bois*
immer wieder   *encore et encore*
immerhin   *en tout cas / du moins*
innen   *l'intérieur*
  von innen   *de l'intérieur*
s Kabel, -   *le câble / le fil électrique*
kehren   *balayer*
r Knopf, ̈-e   *le bouton*
  auf einen Knopf drücken   *appuyer
  sur un bouton*
kräftig   *avec force*
s Lenkrad, ̈-er   *le volant*
r Lift, -e/-s   *l'ascenseur*
s Marmeladenglas, ̈-er   *le pot de confiture*
s Missgeschick, -e   *le petit malheur*
e Nachbarin, -nen   *la voisine*
r Notruf, -e   *l'appel de détresse*
e Panne, -n   *la panne*
r Pechvogel, ̈   *le malchanceux*
retten   *sauver*

e Rettung   *le sauvetage*
Rückenschmerzen (pl)   *mal au dos*
e Sache, -n (= Angelegenheit)   *quelque
chose*
  eine sehr gefährliche Sache   *quelque
  chose de très dangereux*
s Schloss, ̈-er   *la serrure*
  ins Schloss fallen   *claquer (une
  porte)*
e Schulter, -n   *l'épaule*
**schweigen, schweigt, schwieg, hat
geschwiegen**   *se taire, se tait, se
taisait, se tut, s'est tu*
stattdessen   *au lieu de cela / à la place*
stehen bleiben   *s'arrêter*
r Stock, Stockwerke   *l'étage*
r Strand, ̈-e   *la plage*
stundenlang   *durant des heures*
r Sturz, ̈-e   *la chute*
s Tablett, -s/-e   *le plateau*
tagelang   *durant des jours*
total   *complètement*
treffen, trifft, traf, hat getroffen (sich) *se
retrouver, se retrouve, se retrouvait, se
retrouva, s'est retrouvé*
  Am nächsten Tag trafen wir uns am
  Strand.   *Le lendemain, nous nous
  sommes retrouvés à la plage.*
s Unglück, -e   *le malheur*
unmöglich   *impossible*
**verbinden, verbindet, verband, hat ver-
bunden**   *faire un pansement, fait un
pansement, faisait, fit, a fait*
  die Finger verbinden   *faire un pansement au doigt*
verschwinden, verschwindet, verschwand,
  ist verschwunden   *disparaître, dispa-
  raît, disparaissait, disparut, a disparu*
s Viertel, -   *le quartier*
vorn   *en avant*
  sich nach vorn beugen   *se pencher
  en avant*
r Vorteil, -e   *l'avantage*
während (Subjunktor / temporal)   *pendant que / tandis que*

Während wir ins Haus gehen, beginnt er zu erzählen. *Tandis que nous allons chez lui, il commence à raconter.*

e **Wasserleitung, -en** *la conduite d'eau*
r Werkzeugkasten, ¨ *la caisse à outils*
ziehen, zieht, zog, hat gezogen *tirer, tire, tirait, tira, a tiré*
zu·gehen, geht zu, ging zu, ist zugegangen *se refermer, se referme, se refermait, se referma, s'est refermé*
zwar *certes*
Da saß Peter zwar aufrecht im Wagen, aber das Lenkrad hatte er immer noch um den Hals. *Peter était certes assis tout droit dans la voiture, mais il avait toujours le volant autour du cou.*

Seite 121

an·schneiden, schneidet an, schnitt an, hat angeschnitten *découper, découpe, découpait, découpa, a découpé*
die Torte anschneiden *découper le gâteau*
Bescheid wissen *savoir bien*
r **Hochzeitstag, -e** *l'anniversaire de mariage*
lecker *délicieux*
lecker aussehen *avoir l'air délicieux*
merkwürdig *étrange*
s **Metall, -e** *le métal*
mmh *miam, miam*
r **Notrufschalter, -** *le bouton d'appel de détresse*
stechen, sticht, stach, hat gestochen *piquer, pique, piquait, piqua, a piqué*
stecken bleiben *rester coincé*

Seite 122

befinden, befindet, befand, hat befunden (sich) *se trouver, se trouve, se trouvait, se trouva, s'est trouvé*
s **Benzin** *l'essence*

e **Drogerie, -n** *la droguerie*
ein·kaufen *faire les courses*
e **Fußgängerzone, -n** *la zone piétonnière*
r Gangster, - *le gangster*
etwas für etwas halten *prendre quelque chose pour*
Sie hielt die Straße für eine Landebahn. *Elle prenait la route pour une piste d'atterrissage.*
e **Kneipe, -n** *le bistrot*
e Landebahn, -en *la piste d'atterrissage*
landen, ist gelandet *atterrir, a atterri*
r Lokalrundfunk *la radio locale*
melden (sich) *se présenter*
sich bei der Polizei melden *se présenter à la police*
Nachrichten (pl) *nouvelles*
organisieren *mettre en place*
s **Parkhaus, ¨er** *le parking couvert*
e Pilotin, -nen *la femme pilote*
e Schusswaffe, -n *l'arme à feu*
r Selbstmord, -e *le suicide*
e Sparkasse, -n *la caisse d'épargne*
s **Sportflugzeug, -e** *l'avion de sport*
r **Überfall, ¨e** *l'attaque*
überfallen, überfällt, überfiel, hat überfallen *attaquer, attaque, attaquait, attaqua, a attaqué*
e **Umleitung, -en** *la déviation*
s **Verbrechen, -** *le cambriolage*
r **Verbrecher, -** *le cambrioleur*
wieder erkennen, erkennt wieder, erkannte wieder, hat wieder erkannt *reconnaître, reconnaît, reconnaissait, reconnut, a reconnu*

Seite 123

r/e Angeklagte, -n *l'accusé / le prévenu* (ein Angeklagter) *(un accusé / un prévenu)*
an·halten, hält an, hielt an, hat angehalten *s'arrêter, s'arrête, s'arrêtait, s'arrêta, s'est arrêté*
r **Anwalt, ¨e** *l'avocat*

auf·fordern   *demander*
s Badeverbot, -e   *l'interdiction de bai-*
  gnade
e **Bremse, -n**   *le frein*
bremsen   *freiner*
buchen   *réserver*
  eine Reise buchen   *réserver un voya-*
  ge
r Computerfehler, -   *l'erreur d'ordinateur*
r Dachdecker, -   *le couvreur*
s Geldstück, -e   *la pièce de monnaie*
s Gericht, -e   *le tribunal*
  vor Gericht   *au tribunal*
im Freien   *à la belle étoile*
km/h   *km/h*
kurios   *bizarre*
liegen bleiben   *rester en souffrance*
r Lkw, -s   *le camion / le poids lourd*
e Meldung, -en   *l'annonce / la commu-*
  nication
Mexiko   *Mexico*
r **Minister, -**   *le ministre*
neblig   *brumeux*
e Parlamentssitzung, -en   *la séance*
  parlementaire
r **Pass, ̈e**   *le passeport*
r Pkw, -s   *la voiture particulière*
e **Rede, -n**   *le discours*
  eine Rede halten   *faire un discours*
regnen   *pleuvoir*
r Richter, -   *le juge*
römisch   *romain*
schneien   *neiger*
r **See, -n**   *le lac*
r **Streik, -s**   *la grève*
e Taxifahrt, -en   *le voyage / la course en*
  taxi
trotz   *malgré*
  trotz des schlechten Wetters   *malgré*
  le mauvais temps
verbringen, verbringt, verbrachte, hat
  verbracht   *passer, passe, passait,*
  passa, a passé
  die Nacht verbringen   *passer la nuit*
von vorn   *de face*

vor·zeigen   *présenter / montrer à quel-*
  qu'un
während   *pendant*
  während einer Konferenz   *pendant*
  une conférence
e **Wahrheit, -en**   *la vérité*
wegen   *à cause de*
  wegen eines Streiks   *à cause d'une*
  grève
r **Zeuge, -n**   *le témoin*

Seite 124

auf·fangen, fängt auf, fing auf, hat aufge-
  fangen   *attraper, attrape, attrapait,*
  attrapa, a attrapé
r Dummkopf, ̈e   *l'imbécile*
empfangen, empfängt, empfing, hat empfangen   *recevoir, reçoit, recevait,*
  reçut, a reçu
s **Ende**   *la fin*
zu Ende schreiben   *finir d'écrire*
fließen, fließt, floss, ist geflossen   *cou-*
  ler, coule, coulait, coula, a coulé
genießen, genießt, genoss, hat genossen
  se délecter, se délecte, se délectait, se
  délecta, s'est délecté
gießen, gießt, goss, hat gegossen *(Tee in*
  die Tasse)   *verser, verse, versait,*
  versa, a versé
s **Halstuch, ̈er**   *le foulard / l'écharpe*
e **Köchin, -nen**   *la cuisinière*
e **Leine, -n**   *la laisse*
noch immer   *toujours / encore*
e Pistole, -n   *le pistolet*
sitzen bleiben   *rester assis*
verbrennen, verbrennt, verbrannte, hat
  verbrannt   *brûler, brûle, brûlait,*
  brûla, a brûlé

Seite 125

beweisen, beweist, bewies, hat bewie-
  sen   *prouver, prouve, prouvait, prou-*
  va, a prouvé
e **Bombe, -n**   *la bombe*

s Ehepaar, -e   *le couple*
einsam   *isolé*
ermorden   *assassiner*
s Fernglas, ¨er   *la longue vue*
fliehen, flieht, floh, ist geflohen   *s'enfuir,*
   s'enfuit, s'enfuyait, s'enfuit, s'est enfui
fünfzehnjährig   *âgé de quinze ans*
e Gegend, -en   *la région*
gegenüber   *en face*
glauben   *croire*
s Hochhaus, ¨er   *l'immeuble*
r Mord, -e   *le meurtre*
r Mörder, -   *le meurtrier / l'assassin*
s Nachbarhaus, ¨er   *la maison voisine*
r Rollstuhl, ¨e   *le fauteuil roulant*
seltsam   *étrange*
verirren (sich)   *s'égarer*
verraten, verrät, verriet, hat verraten
   dévoiler, dévoile, dévoilait, dévoila, a
   dévoilé
   Das möchte ich dir nicht verraten.
   Ça, je ne vais pas te le dévoiler.
e Zeitschaltung, -en   *la minuterie*
zu Ende gehen   *se terminer*

Seite 126

ab·brennen, brennt ab, brannte ab, ist
   abgebrannt   *brûler, brûle, brûlait,*
   brûla, a brûlé (= réduire en cendres)
r Badesee, -n   *le lac avec baignade*
   autorisée
r Besitzer, -   *le propriétaire*
r Fahrgast, ¨e   *le voyageur*
r Franken, -   *le franc*
r Schornsteinfeger, -   *le ramoneur*
e Suche   *la recherche*
r Tank, -s   *le réservoir*
e Verletzung, -en   *la blessure*

Seite 127

ärgerlich   *contrarié*
bevor   *avant de*
daraus   *en*
   Fleisch und Wurst daraus machen   *en*

faire de la viande et des saucisses
s Frühstücksbrot, -e   *le petit déjeuner*
führen (jmdn. irgendwohin)   *conduire*
   (quelqu'un quelque part)
s Haustier, -e   *l'animal domestique*
r Hof, ¨e   *la cour*
r Laden, ¨   *la remorque*
e Metzgerei, -en   *la charcuterie*
parken   *garer*
r Spaziergang, ¨e   *la promenade*
e Wagentür, -en   *la portière*

Zusätzlicher Wortschatz im Arbeitsbuch
Vocabulaire complémentaire

r Beweis, -en   *la preuve*
e Dunkelheit   *l'obscurité*
e Entdeckung, -en   *la découverte*
e Flucht, -en   *la fuite*
e Landung, -en   *l'atterrissage*
r Schuss, ¨e   *le coup (de feu)*
r Tod   *la mort*
tödlich   *mortel*
tot   *mort*
r / e Tote, -n (ein Toter)   *le mort, la*
   morte (un mort)
töten   *tuer*
e Waffe, -n   *l'arme*

Lektion 13

Seite 128

Alpen (pl)   *les Alpes*
r Bär, -en   *l'ours*
bayrisch   *bavarois*
berühmt   *célèbre*
s Goethehaus, ¨er   *la maison de Goethe*
jedem   *chaque / tous les*
   in jedem Café in Wien   *dans tous les*
   cafés de Vienne
r König, -e   *le roi*
s Märchenschloss, ¨er   *le château fanta-*
   stique
e Sachertorte, -n   *le gâteau Sacher*

r Schwarzwald   *la Forêt Noire*
e Seilbahn, -en   *le téléphérique*
e Zugspitze   *la Zugspitze*

Seite *129*

e Badetemperatur, -en   *la température de l'eau (pour se baigner)*
r Berg   *la montagne*
besteigen, besteigt, bestieg, hat bestiegen   *gravir, gravit, gravissait, gravit, a gravi*
s Käsefondue, -s   *la fondue au fromage*
r Maibaum, ⁻e   *l'arbre de mai*
Norddeutschland   *l'Allemagne du Nord*
e S-Bahn, -en   *le RER*
s Schloss, ⁻er   *le château*
das Heidelberger Schloss   *le château de Heidelberg*
schwarz-weiß   *noir et blanc*
e Schweiz   *la Suisse*
typisch   *typique*
r Viktualienmarkt   *le marché*
e Weißwurst, ⁻e   *le boudin blanc*

Seite *130*

e Arktis   *l'Arctique*
e Attraktion, -en   *l'attraction*
e Bahn, -en   *le train*
r Bau   *la construction*
bedecken   *recouvrir*
begeistert   *enthousiaste / enthousiasmé*
besondere   *particulier*
eine besondere Attraktion   *une attraction particulière*
e Besonderheit, -en   *la particularité / la curiosité*
s Brandzeichen, -   *la marque au fer rouge*
e City   *le centre-ville*
der Intercityexpress   *l'intercityexpress*
denen   *où*
An drei Stellen, an denen man Gold waschen darf, ...   *À trois endroits où l'on peut laver l'or, ...*
r Kölner Dom   *la cathédrale de Cologne*

dorthin   *y*
dorthin fahren   *y aller*
durchqueren   *traverser*
echt   *authentique*
die letzten echten Wildpferde   *les derniers chevaux sauvages authentiques*
ein·weihen   *inaugurer*
s Eis   *la glace*
das ewige Eis im Gebirge   *le glacier (dans la montagne)*
e Eiszeit   *l'époque glaciaire*
entfernt   *éloigné de*
s Ereignis, -se   *l'événement*
ernähren   *nourrir*
ewig   *éternel*
r Express   *l'express*
s Fell, -e   *la peau / le pelage*
r Felsen, -   *le rocher*
feucht   *humide*
r Fußgänger, -   *le piéton*
s Gebirge, -   *la montagne*
geduldig   *patient*
e Gegenrichtung   *le sens contraire*
s Gold   *l'or*
r Goldberg, -e   *la mine d'or*
s Gras, ⁻er   *l'herbe*
r/s Hektar   *l'hectare*
r Hengst, -e   *l'étalon*
hinaus·laufen, läuft hinaus, lief hinaus, ist hinausgelaufen   *courir dehors, court dehors, courait dehors, courut dehors, a couru dehors*
hinunter   *en bas*
es geht hinunter nach ...   *en bas, on va vers ...*
e Hochalpenstraße   *la route des Hautes-Alpes*
r Hochgeschwindigkeitszug, ⁻e   *le train à grande vitesse*
r Ingenieur, -e   *l'ingénieur*
e Insel, -n   *l'île*
r Intercityexpress   *l'intercityexpress*
interessieren (sich ... für)   *s'intéresser à*
s Jahrhundert, -e   *le siècle*

51

jährlich   *annuel / par an*
e Kälte   *le froid*
e Klimazone, -n   *la zone climatique*
kommen, kommt, kam, ist gekommen
   venir, vient, venait, vint, est venu
   auf die Idee kommen ... zu   *avoir l'i-*
   dée de ...
r Kuriositäten-Führer, -   *le guide des*
   curiosités
e Küste, -n   *la côte*
e Kutsche, -n   *la calèche*
s Land (Festland)   *le continent*
e Landschaft, -en   *le paysage*
letzte   *dernier*
   die letzten echten Wildpferde   *les*
   derniers chevaux sauvages authen-
   tiques
e Luft   *l'air*
e Marktgasse, -n   *la ruelle du marché*
r Meeresboden   *le fond (de la mer)*
e Million, -en   *le million*
   eine Million Autos   *un million de voi-*
   tures
Millionen (pl)   *des millions*
   23 Millionen Passagiere   *23 millions*
   de passagers
Mitteleuropa   *l'Europe Centrale*
möglichst   *le plus de ... possible*
s Murmeltier, -e   *la marmotte*
nach unten gehen   *s'abaisser*
   die Schranken gehen nach unten   *les*
   barrières s'abaissent
nackt   *dénudé*
   die nackten Felsen   *les rochers dénu-*
   dés
r Naturpark, -s   *le parc naturel*
s Naturphänomen, -e   *le phénomène*
   naturel
Neuschwanstein   *Neuschwanstein*
r Norden   *le Nord*
e Nordseeküste   *la côte de la mer du*
   Nord
nur einmal   *une seule fois*
offensichtlich   *manifestement*
Ost   *Est*

Interlaken-Ost   *Interlaken-Est*
r Park, -s   *le parc*
e Pferdekutsche, -n   *la calèche*
s Pferderennen, -   *la course de chevaux*
r Pferdewagen, -   *la voiture à cheval*
e Pflanze, -n   *la plante*
quer   *en travers*
   quer über die Straße   *en travers de la*
   route
r Radfahrer, -   *le cycliste*
rasen, ist gerast   *galoper*
s Reitpferd, -e   *le cheval de course*
restlich   *le reste de*
riesig   *immense*
s Rot   *le rouge*
   Die Ampel ist auf Rot gesprungen.   *Le*
   feu est passé au rouge.
e Rückreise, -n   *le voyage de retour*
e Schiene, -n   *le rail*
e Schranke, -n   *la barrière*
e Schwebebahn   *le train suspendu*
schweben   *planer / être en suspens*
r Schweizer, -   *le Suisse*
   die Schweizer Stadt   *la ville de Suisse*
e Sehenswürdigkeit, -en   *la curiosité*
seitdem   *depuis que*
senken (sich)   *s'abaisser*
so wie   *comme*
   so wie ihre Vorfahren   *comme leurs*
   ancêtres
r Stadtteil, -e   *le quartier (d'une ville)*
e Straßenbahn, -en   *le tramway*
e Strecke, -n   *l'itinéraire*
r Sturm, ̈e   *la tempête*
r Süden   *le Sud*
s Tal, ̈er   *la vallée*
tatsächlich   *de fait / effectivement*
transportieren   *transporter*
e Traumstraße, -n   *la route de rêve*
treiben, treibt, trieb, hat getrieben
   conduire, conduit, conduisait, condui-
   sit, a conduit
   Junge Männer treiben Pferde auf eine
   Wiese.   *Des jeunes hommes condui-*
   sent des chevaux dans une prairie.

umgeben, umgibt, umgab, hat umgeben
entourer, entoure, entourait, entoura,
a entouré
umsonst   *pour rien*
Nicht umsonst heißen die Berge
„Goldberge".   *Ce n'est pas pour rien*
qu'on appelle la montagne la «mine
d'or».
r Umweg, -e   *le détour*
e Vegetationszone, -n   *la zone de*
végétation
verabschieden (sich)   *se retirer*
s Verkehrsmittel, -   *le moyen de trans-*
port
s Verkehrsproblem, -e   *le problème de*
circulation
völlig   *complètement*
vorbei·fahren, fährt vorbei, fuhr vorbei, ist
vorbeigefahren   *passer devant,*
passe devant, passait devant, passa
devant, est passé devant
r Vorfahr, -en   *l'ancêtre*
s Wattenmeer   *la lagune*
Westfalen   *la Westphalie*
r Wiener Prater   *le Prater de Vienne*
wild   *sauvage*
r Wilde Westen   *le Far West / l'Ouest*
sauvage
s Wildpferd, -e   *le cheval sauvage*
winzig   *minuscule*

Seite 132

e Anreise, -n   *le voyage*
r Balkan   *les Balkans*
s Bergland   *les montagnes*
bestimmen   *déterminer*
bewölkt   *nuageux*
s Bilderbuch, ¨er   *le livre d'images*
erreichen   *atteindre*
s Flusstal, ¨er   *la vallée fluviale*
s Gewitter, -   *l'orage*
e Grenze, -n   *la frontière*
heiter   *clair*
heute früh   *ce matin*
e Hinfahrt, -en   *l'aller*

s Hoch, -s   *l'anticyclone / la haute pres-*
sion
… kommt es zu …   … *il y aura* …
kühl   *frais*
r Lauf, ¨e   *le courant / le cours*
im Lauf des Tages   *au cours de la*
journée
e Meeresluft   *l'air marin*
mild   *doux*
minus   *moins*
minus 12 Grad   *moins 12 degrés*
r Nebel, -   *la brume / le brouillard*
r Nordwesten   *le Nord-Ouest*
Ostdeutschland   *l'Allemagne de l'Est /*
l'Est de l'Allemagne
r Osten   *l'Est*
problemlos   *sans problème*
e Richtung, -en   *la direction*
r Schauer, -   *l'averse*
scheinen, scheint, schien, hat geschie-
nen   *briller, brille, brillait, brilla, a*
brillé
die Sonne scheint   *le soleil brille*
Skandinavien   *la Scandinavie*
r Skikurs, -e   *le cours de ski*
r Stau, -s   *l'embouteillage*
stellenweise   *par endroit*
r Streit   *la dispute*
südwestlich   *sud-ouest*
telefonisch   *par téléphone*
s Tief, -s   *la zone de basse pression*
wehen   *souffler*
Westdeutschland   *l'Allemagne de*
l'Ouest / l'Ouest de l'Allemagne
r Westen   *l'Ouest*
r Wetterbericht, -e   *le bulletin météoro-*
logique
r Wind, -e   *le vent*
windig   *venteux*
e Windstärke   *la force du vent*
e Wolke, -n   *le nuage*

Seite 133

Ade!   *Au-revoir ! / Adieu !*
e Berghütte, -n   *le refuge (en montagne)*

deren *dont*
eine Nachbarin, deren Schwester ihre Blumen gießt *une voisine dont la sœur arrose les fleurs*
dessen *dont*
ein Gasthaus, dessen Toiletten auf dem Hof sind *une auberge dont les toilettes sont dans la cour*
s Fernsehquiz, - *le jeu télévisé*
gießen, gießt, goss, hat gegossen *arroser, arrose, arrosait, arrosa, a arrosé*
Blumen gießen *arroser des fleurs*
s Knie, - *le genou*
e Nordseeinsel, -n *l'île de la mer du Nord*
r Rucksack, ⸚e *le sac à dos*
Servus! *Salut !*
Tschö! *Salut !*
Uf Wiederluege! *Au-revoir !*
r Wanderurlaub, -e *les vacances consacrées à la randonnée*
e Zwillingsschwester, -n *la sœur jumelle*

Seite *134*

e Fahrerin, -nen *la conductrice*
e Flöte, -n *la flûte*
r Musiker, - *le musicien*
s Relativpronomen, - *le pronom relatif*
s Seitenfenster, - *la fenêtre (latérale)*
streicheln *caresser*

Seite *135*

aus·ruhen (sich) *se reposer*
r Badeort, -e *la station thermale / balnéaire*
bloß *donc*
Dänemark *le Danemark*
erholen (sich) *se reposer*
auf jeden Fall *en tout cas*
finnisch *finnois / finlandais*
griechisch *grec*
halten, hält, hielt, hat gehalten *penser, pense, pensait, pensa, a pensé*

Was hältst du von einer griechischen Insel? *Qu'est-ce que tu penses d'une île grecque ?*
e Höhle, -n *la grotte*
In Ordnung! *Ça marche ! / D'accord !*
irgendwo *quelque part*
irgendwohin *quelque part*
r Katalog, -e *le catalogue*
Meinetwegen! *D'accord ! / Soit !*
Na klar! *Bien sûr !*
schwedisch *suédois*
Sport treiben *faire du sport*
Von mir aus! *D'accord ! Soit !*
vor allem *surtout / avant tout*
Warum nicht? *Pourquoi pas ?*

Seite *136*

r Bodensee *le Lac de Constance*
e Herstellung, -en *la fabrication*
hinüber *de l'autre côté*
informieren *informer / mettre au courant*
s Klima *le climat*
leiten *diriger*
ein Seminar leiten *diriger un séminaire*
e Milchproduktion *la production de lait*
s Seminar, -e *le séminaire*
e Technologie, -n *la technologie*
r Vortrag, ⸚e *la conférence*

Seite *137*

besichtigen *visiter*
e Besichtigung, -en *la visite*
das stimmt nicht *ce n'est pas vrai*
r Dozent, -en *le maître de conférences*
fabelhaft *fabuleux*
e Freizeit *le temps libre / le loisir*
r Frühling *le printemps*
genügend *suffisamment*
e Käsefabrik, -en *la fromagerie*
klingen, klingt, klang, hat geklungen *paraître, paraît, paraissait, parut, a paru*

das klingt vielleicht langweilig
ça paraît peut-être ennuyeux
e Landwirtschaftsmesse, -n   *la foire
agricole*
s Marketing   *le marketing*
  s Marketing-Seminar   *le séminaire de
  marketing*
r Schulfreund, -e   *le camarade d'école*
**statt·finden, findet statt, fand statt, hat
stattgefunden**   *avoir lieu, a lieu,
avait lieu, eut lieu, a eu lieu*
s Technologiezentrum, -zentren
  le centre technologique
vor·stellen   *imaginer*
  Stell dir vor: ...   *Tu imagines : /
  Imagine-toi :*
r Wirtschaftsraum, ¨e   *l'espace économi-
que*
zufällig   *par hasard*

Zusätzlicher Wortschatz im Arbeitsbuch
Vocabulaire complémentaire

frieren   *avoir froid / geler*
gewittrig   *orageux*
e Hitze   *la chaleur / la canicule*
e Jahreszeit, -en   *la saison*
mir ist kalt   *j'ai froid*
mir ist schlecht   *je me sens mal*
mir ist warm   *j'ai chaud*
regnerisch   *pluvieux*
sonnig   *ensoleillé*
stürmisch   *orageux / houleux*
e Wärme   *la chaleur*
zufrieren   *geler complètement / se cou-
vrir de glace*

Lektion 14

Seite 138

baden   *se baigner*
hätte → haben   *aurait → avoir*
  Aber sie hätte lieber einen Computer.
  Mais elle aimerait mieux avoir

(= *aurait plus volontiers*) *un ordinateur.*
r Sportwagen, -   *la voiture de sport*
wäre → sein   *serait → être*
  Aber lieber wäre er zu Hause im Bett.
  Mais il préférerait être (= *serait plus
  volontiers*) *dans son lit.*
würde → werden   *aimerait → aimer*
  Er würde gern schlafen.   *Il aimerait
  bien dormir.*

Seite 139

ängstlich   *peureux*
r Kamm, ¨e   *le peigne*
pflücken   *cueillir*

Seite 140

r/e Alte, -n   *le vieux / la vieille / la personne âgée*
  (ein Alter)   (*un vieux*)
s **Altenheim, -e**   *la maison de retraite*
altern, ist gealtert   *vieillir*
r Alterungsprozess, -e   *le processus de
vieillissement*
r/e Arbeitslose, -n   *le chômeur / la chô-
meuse*
  (ein Arbeitsloser)   (*un chômeur*)
attraktiv   *attirant / attrayant*
aus·fallen, fällt aus, fiel aus, ist ausgefallen
  *tomber, tombe, tombait, tomba, est
  tombé*
  die Haare fallen aus   *les cheveux
  tombent*
ausschließlich   *exclusivement*
besiegen   *vaincre*
biologisch   *biologique*
egoistisch   *égoïste*
e Eitelkeit   *la vanité / la futilité*
e Erde   *la terre / la planète*
e Falte, -n   *la ride*
faltig   *ridé*
fit   *en forme*
e Fliege, -n   *la mouche*
r Forscher, -   *le chercheur*

e **Forschung, -en**   la recherche
e Frage, -en   le problème
Für mich ist das keine Frage.   Pour
moi, ce n'est pas un problème.
e Freizeitanlage, -n   l'aire de loisirs
fühlen (sich)   se sentir
sich menschlich fühlen   se sentir
humain
gehören   appartenir / faire partie
... gehört zu ...   ... fait partie de ... /
... appartient à ...
geistig   intellectuellement
e **Gesellschaft, -en**   la société
r **Gewinn, -e**   le gain
ein großer Gewinn für die Gesellschaft   un gain important pour la
société
e Gicht   l'arthrite
immer mehr   toujours plus
s Insekt, -en   l'insecte
r/e **Jugendliche, -n**   le jeune homme /
la jeune fille
(ein Jugendlicher)   (un jeune)
e Kenntnis, -se   la connaissance
r Knochen, -   l'os
körperlich   physiquement
e **Kraft, ̈e**   la force / l'énergie
e **Krankheit, -en**   la maladie
künstlich   artificiellement
länger   plus longtemps
länger im Beruf bleiben   rester plus
longtemps dans la vie active
r Lebensrhythmus   le rythme de la vie
e Lebenszeit   la durée de vie
s **Medikament, -e**   le médicament
meiner Meinung nach   à mon avis
e Menschheit   l'humanité
menschlich   humain
e **Natur**   la nature
r Neid   l'envie / la jalousie
ob   si
s Paradies, -e   le paradis
pflegen   s'occuper de / soigner
die alten Leute pflegen   s'occuper des
personnes âgées

s **Projekt, -e**   le projet
regieren   régner / gouverner
schlaff   mou / flasque
r Schönheitschirurg, -en   le chirurgien
esthétique
e **Sorge, -n**   le souci / le problème
spontan   spontanément
r Stellenwert   l'importance / la valeur
tierisch   animal
e Trauer   l'affliction / le deuil
e Überbevölkerung   la surpopulation
um·bauen   transformer (une construction)
unternehmen, unternimmt, unternahm,
hat unternommen (etwas)   entreprendre (quelque chose), entreprend,
entreprenait, entreprit, a entrepris
unwahrscheinlich   invraisemblable
s **Vergnügen**   le plaisir
verlängern   prolonger
verstärken   renforcer
vital   vital
voll und ganz   pleinement
e **Vorstellung, -en**   le spectacle
Was für eine Vorstellung!   Quel spectacle!
weiter·arbeiten   continuer à travailler
wirklich   vrai / réel / véritable
Medikamente gegen wirkliche
Krankheiten   des médicaments
contre les véritables maladies
e **Wirklichkeit, -en**   la réalité
e Wunderpille, -n   la pilule miracle
e Zelle, -n   la cellule
menschliche und tierische Zellen
cellules humaines et animales
r **Zustand, ̈e**   l'état

Seite 141

s **Argument, -e**   l'argument
eines Tages   un jour
gebrauchen   utiliser
Wer gebraucht diese Argumente?
Qui utilise ces arguments ?
s Mitleid   la pitié / la compassion

e **Pille, -n**   *la pilule*

Seite *142*

Doch nur …   *Seulement …*
Wenn doch nur das Wetter besser
wäre!   *Si seulement il faisait meilleur temps !*
Dürfte ich bitte Ihren Führerschein
sehen?   *Pourrais-je voir votre permis de conduire s'il vous plaît ?*
höflich   *courtois / bien élevé*
Hätten Sie wohl ein neues Messer für
mich?   *Voudriez-vous me donner un autre couteau ?*
Könnte ich bitte mal kurz Ihren Kuli
haben?   *Pourriez-vous me prêter votre stylo-bille pour une minute ?*
r **Kuli, -s**   *le stylo-bille*
Wären Sie wohl so nett, mir in den Zug zu
helfen?   *Voudriez-vous avoir l'amabilité de m'aider à monter dans le train?*

Seite *143*

eifersüchtig   *jaloux*
einfach   *simple*
die einfachste Lösung   *la solution la plus simple*
endgültig   *définitivement*
s **Freizeitprogramm, -e**   *le programme de loisirs*
e **Geduld**   *la patience*
r **Kontakt, -e**   *le contact*
s **Mäusepaar, -e**   *le couple de souris*
s **Modell, -e**   *le modèle*
r **Mülleimer, -**   *la poubelle*
e **Piste, -n**   *la piste*
r **Rat, Ratschläge**   *le conseil*
raten, rät, riet, hat geraten   *conseiller, conseille, conseillait, conseilla, a conseillé*
Ich würde Ihnen raten …   *Je vous conseillerais …*
regelmäßig   *régulièrement*
r **Schlaf**   *le sommeil*

r **Skiläufer, -**   *le skieur*
r **Sonnenschirm, -**   *le parasol*
e **Stelle, -n**   *la place*
Ich würde an Ihrer Stelle einen
Spaziergang machen.   *À votre place, je ferais une promenade.*
e **Tablette, -n**   *le comprimé*
s **Tagebuch, ⁻er**   *le journal (intime)*
verleihen, verleiht, verlieh, hat verliehen   *prêter, prête, prêtait, prêta, a prêté*
e **Werkstatt, ⁻en**   *l'atelier (de réparation) / le garage*
wieder·haben   *récupérer*
…, weil er ihn immer noch nicht wiederhat.   *…, parce qu'il ne l'a toujours pas récupéré.*
r **Winterurlaub, -e**   *les vacances d'hiver*

Seite *144*

dazu   *en plus*
und dazu ein Kuscheltier   *avec en plus un animal en peluche*
entzückt   *enchanté / ravi*
s **Kuscheltier, -e**   *l'animal en peluche*
e **Qual, -en**   *la torture*
spazieren, ist spaziert   *se promener, s'est promené*
r **Teil, -e**   *la partie*
zweiter Teil   *deuxième partie*
verlieren, verliert, verlor, hat verloren   *perdre, perd, perdait, perdit, a perdu*
wieder sehen, sieht wieder, sah wieder,
hat wieder gesehen   *revoir, revoit, revoyait, revit, a revu*

Seite *145*

e **Ahnung, -en**   *l'idée*
Ich habe keine Ahnung.   *Je n'ai aucune idée.*
e *Decke*, -n   *la couverture*
Wir könnten ihm eine Decke in die
Garage legen.   *Nous pourrions lui installer une couverture dans le garage.*

r Einfall, ⁻e   l'idée
ernst   sérieux
r Familienhund, -e   le chien (qui appartient à une famille)
gehören (jmdm. gehört etwas)   appartenir (quelque chose appartient à quelqu'un)
her·holen   aller chercher / apporter
ja schon, aber ...   naturellement, mais ...
r Kerl, -e   le gaillard / le bougre
der arme Kerl   le pauvre bougre
melden (sich)   se signaler / se présenter
Wenn sich niemand meldet, ...
Si personne ne se présente, ...
noch nie   encore jamais
nun   donc
sein können   pouvoir
Es könnte doch auch sein, dass ...
Il se pourrait aussi que ...
sicher   sûrement
sicher, aber   sûrement, mais
e Suchanzeige, -n   l'avis de recherche
süß   mignon
der Hund ist so süß   le chien est si mignon
s Tierheim, -e   le refuge de la SPA
wahrscheinlich   probablement
wieso   comment ça
Wieso die Polizei?   Comment ça la police ?

Seite 146

s Angebot, -e   l'offre / la proposition
r Antwortbrief, -e   la (lettre de) réponse
s Apartment, -s   l'appartement
e Einreisebestimmung, -en   les clauses / dispositions de l'immigration
e Feuchtigkeit   l'humidité
r Foxterrier, -   le fox-terrier
e Gesundheit   la santé
getrennt   séparé
e Hitze   la chaleur / la canicule
e Innenstadt, ⁻e   le centre-ville

e Jazzband, -s   le groupe / l'orchestre de jazz
r Konjunktiv, -e   le subjonctif
e Leitung, -en   la direction
s Portugiesisch   portugais
s Saxophon, -e   le saxophone
e Schwierigkeit, -en   la difficulté
tja   Eh bien ! / Voilà !
r Verlust, -e   la perte
vermissen   regretter

Seite 147

ab·geben, gibt ab, gab ab, hat abgegeben   abandonner, abandonne, abandonnait, abandonna, a abandonné
den Hund abgeben   abandonner le chien
ab·lehnen   refuser
ab·reisen, ist abgereist   partir, est parti
an·nehmen, nimmt an, nahm an, hat angenommen   accepter, accepte, acceptait, accepta, a accepté
eine Stellung annehmen   accepter un poste
r Anschluss, ⁻e   la connexion
r Internet-Anschluss, ⁻e   la connexion à Internet
aus·ziehen, zieht aus, zog aus, ist ausgezogen   déménager, déménage, déménageait, déménagea, a déménagé
(aus einer Wohnung ausziehen)
(quitter un appartement)
e Band, -s   l'orchestre de jazz
deiner   à ta
elektronisch   électronique
fest·legen   inscrire
e Freundschaft, -en   l'amitié
e Gelegenheit, -en   l'occasion
glauben   croire
Ich glaube nicht, dass ...   Je ne crois pas que ...
s Internet   l'Internet
r Käufer, -   l'acheteur

e Lagerhalle, -n   l'entrepôt / le garde-
    meubles
lösen   résoudre
r Mieter, -   le locataire
r Mietvertrag, ⁝e   le contrat de location /
    le bail
**nach·denken, denkt nach, dachte
    nach, hat nachgedacht**   réfléchir,
    réfléchit, réfléchissait, réfléchit, a
    réfléchi
perfekt   parfaitement
solche   tels
r Sprachkurs, -e   le cours de langue
e Stellung, -en   le poste / la place
überzeugt   convaincu
s Umzugsunternehmen, -   l'entreprise
    de déménagement
unter·stellen   confier / mettre en garde
vermieten   louer
r Vorschlag, ⁝e   la proposition
weit   vaste
    die weite Welt   le vaste monde
wetten   parier
zu·sagen   accepter

Lektion 15

Seite 148

s Fußballspiel, -e   le match de football
s Handballspiel, -e   le match de hand-
    ball
r Lauf, ⁝e   la course
    r 100-Meter-Lauf   le 100 mètres
pünktlich   à l'heure

Seite 149

pfeifen, pfeift, pfiff, hat gepfiffen   siffler,
    siffle, sifflait, siffla, a sifflé
r Schiedsrichter, -   l'arbitre
r Spieler, -   le joueur
r Trainer, -   l'entraîneur

Seite 150

ach was   mais non / allons donc
an·melden (sich)   s'inscrire
ärztlich   médical
e Aufsicht, -en   la surveillance
    die ärztliche Aufsicht   la surveillance
    médicale
befriedigend   satisfaisant
e Bemerkung, -en   la remarque
**beschließen, beschließt, beschloss, hat
    beschlossen**   décider, décide, déci-
    dait, décida, a décidé
bestrafen   punir
e Bewegung, -en   le mouvement
e Beziehung, -en   la relation
    eine feste Beziehung haben   avoir
    une relation solide
daher kommen   venir de
    vielleicht kam es daher, dass …
    peut-être cela venait-il de ce que…
e Dauer   la durée
    von kurzer Dauer   de courte durée
dazwischen·kommen, kommt dazwischen,
    kam dazwischen, ist dazwischenge-
    kommen   s'interposer, s'interpose,
    s'interposait, s'interposa, s'est interposé
denken können   imaginer
    Das hättest du dir denken können.
    Ça, tu aurais bien pu te l'imaginer.
e Diät, -en   le régime
s Ding, -er   la chose
dünn   mince / maigre
e Entschuldigung, -en   l'excuse
es leicht haben   être facile pour quel-
    qu'un
fallen lassen   laisser tomber / abandon-
    ner
    Die Idee habe ich fallen lassen.   J'ai
    laissé tomber l'idée.
faul   paresseux
s Fernsehen   la télévision
    Es kommt ein guter Film im Fernsehen.
    Il y a un bon film à la télévision.
fest·stellen   constater
s Fett, -e   la matière grasse

e Figur, -en *la silhouette*
  etwas für die Figur tun *faire quelque chose pour sa silhouette*
gar nichts *rien du tout / absolument rien*
gefallen lassen (sich) *admettre / tolérer*
gelten lassen *admettre / accepter*
s Gerät, -e *l'appareil*
Geschmack, ¨-e *le goût*
  eine Wurst ohne Geschmack *une saucisse sans goût*
gewöhnen (sich) *s'habituer*
gleich *même*
  das gleiche Gewicht wie vorher *le même poids qu'auparavant*
r Grund, ¨-e *la raison / le motif*
r Heimtrainer, - *le home-trainer*
e Hoffnung, -en *l'espoir*
hungern *jeûner*
  s Hungern *le jeûne*
hungrig *mort de faim*
ideal *idéal*
indem *en (+ participe présent)*
  Also bestrafte ich sie, indem ich noch zwei Stück Torte aß. *Je la punis donc en avalant encore deux parts de gâteau.*
irgendwas *quelque chose*
je *chaque fois*
  je eine halbe Stunde trainieren *s'entraîner une demi-heure chaque fois*
jedenfalls *en tout cas*
s Kerzenlicht *la lueur de la bougie*
e Klinik, -en *la clinique*
kommen sehen *voir venir*
  Das habe ich kommen sehen. *Ça, je l'ai vu venir.*
r Körper, - *le corps*
e Krankenkasse, -n *la caisse d'assurance maladie*
kritisieren *critiquer*
e Kurklinik, -en *une clinique de cure*
laut *selon / d'après*

laut Umfrage *selon une enquête*
mager *maigre*
e Methode, -n *la méthode*
r Misserfolg, -e *l'échec*
nach Plan laufen *marcher comme sur des roulettes*
s Nahrungsmittel, - *la denrée alimentaire*
niemals *jamais*
e Nulldiät, -en *le régime zéro calorie*
e Packung, -en *le paquet / la boîte*
persönlich *personnel*
rein *pur*
schlank *mince / svelte*
e Schlankheitskur, -en *la cure d'amaigrissement*
schrecklich *terrible(ment)*
  schrecklich hungrig sein *avoir terriblement faim*
schwitzen *transpirer*
s Sportgerät, -e *l'appareil de sport*
s Sportgeschäft, -e *le magasin de sport*
sportlich *sportif*
r Sportverein, -e *l'association sportive / le club*
statt *à la place de / au lieu de*
  statt Limonade trank ich Mineralwasser *je buvais de l'eau à la place de limonade*
turnen *faire de la gymnastique*
  s Turnen *la gymnastique*
e Überzeugung, -en *la conviction*
e Umfrage, -n *l'enquête / le sondage*
r Unsinn *le non-sens / l'absurdité*
verabredet *pris*
vernünftig *raisonnable*
s Vierteljahr, -e *le trimestre*
vor allen Dingen *avant toutes choses*
weg·lassen, lässt weg, ließ weg, hat weggelassen *supprimer, supprime, supprimait, supprima, a supprimé*
weniger *(de) moins*
s Wunder, - *le miracle*

anstatt ... zu   *au lieu de*
   anstatt zum Baden zu fahren   *au lieu*
   d'aller se baigner
s Lebensmittel, -   *la denrée alimentaire*
s Nomen, -   *le verbe substantivé*
r Trainingsplan, ˸e   *le programme d'en-*
   traînement
zu·nehmen, nimmt zu, nahm zu, hat
   zugenommen   *grossir, grossit, gros-*
   sissait, grossit, a grossi

ab und zu   *de temps en temps*
bereit   *prêt*
dienen   *servir*
   der Gesundheit am besten dienen
   servir au mieux la santé
dreimal   *trois fois*
erkältet   *grippé / enrhumé*
e Erkältung, -en   *une grippe / un rhume*
erklären   *expliquer*
e Ernährung   *la nourriture*
s Fieber   *la fièvre*
e Grippe   *la grippe*
grundsätzlich   *par principe*
Halsschmerzen (pl)   *le mal de gorge*
halten, hält, hielt, hat gehalten   *main-*
   tenir, maintient, maintenait, maintint,
   a maintenu
   sein Gewicht halten   *maintenir son*
   poids
r Husten   *la toux*
e Infektion, -en   *l'infection*
r Mut   *le courage*
r Schnupfen   *le rhume*
schwer machen   *compliquer*
   sich das Leben schwer machen   *se*
   compliquer la vie
s Sportstudio, -s   *la salle de sport*
e Spritze, -n   *la piqûre*
stehen   *être*
   das Spiel steht 2:2   *le score est de*
   deux à deux
s Thermometer, -   *le thermomètre*

von ... an   *dès*
   von klein an   *dès le plus jeune âge*
s Vorurteil, -e   *le préjugé*
weh·tun, tut weh, tat weh, hat wehge-
   tan   *se faire mal, se fait mal, se fai-*
   sait mal, se fit mal, s'est fait mal
zum ersten Mal   *pour la première fois*
zum zweiten Mal   *pour la seconde fois*

s Endspiel, -e   *la finale*
e Erklärung, -en   *l'explication*
e Herzgegend   *la région du coeur*
klagen   *se plaindre*
e Lebensweise, -n   *le mode de vie*
Magenschmerzen (pl)   *les douleurs*
   d'estomac
e Mannschaft, -en   *l'équipe*
s Mittel, -   *le médicament / le remède*
nützen   *servir à*
r Pokal, -e   *la coupe*
r Pokalsieger, -   *le vainqueur de la coupe*
schießen, schießt, schoss, hat geschossen
   marquer, marque, marquait, marqua,
   a marqué
   ein Tor schießen   *marquer un but*
r Sieger, -   *le vainqueur*
s Tor, -e (beim Fußball)   *le but (au foot-*
   ball)
e Untersuchung, -en (beim Arzt)   *l'exa-*
   men (médical)
unterwegs   *en déplacement*
verschreiben, verschreibt, verschrieb,
   hat verschrieben   *prescrire, prescrit,*
   prescrivait, prescrivit, a prescrit

frisch   *frais*
r Pflaumenkuchen, -   *la tarte aux pru-*
   nes
weg·fahren, fährt weg, fuhr weg, ist weg-
   gefahren *s'en aller, s'en va, s'en allait,*
   s'en alla, s'en est allé

los·fahren, fährt los, fuhr los, ist losgefah-
ren *partir, part, partait, partit, est parti*
noch mal *encore une fois*
planen *projeter*
e Radtour, -en *l'excursion à bicyclette*
r Samstagmorgen *le samedi matin*
r Sonntagabend *le dimanche soir*
übernachten *passer la nuit*
überraschen *surprendre / faire une
surprise*
lassen wir uns mal überraschen *lais-
sons-nous donc surprendre / laissons-
la donc nous faire une surprise*
um·formen *transformer*
weit *loin*
es ist ziemlich weit *c'est assez loin*

AG *S.A. (société anonyme)*
e Art, -en *la nature*
die Art der Verletzung *la nature de la
blessure*
behandeln *traiter*
r Berufsunfall, ⸚e *l'accident du travail*
bewegen *bouger*
s Feld, -er *le peloton*
er fuhr hinten im Feld *il était loin à
l'arrière du peloton*
r Freizeitunfall, ⸚e *l'accident (qui a lieu
lors d'un loisir)*
gebrochen *cassé*
hin·fallen, fällt hin, fiel hin, ist hingefallen
*tomber, tombe, tombait, tomba, est
tombé*
s Hinterrad, ⸚er *la roue arrière*
e Krankenversicherung, -en *l'assurance
maladie*
e Lebensversicherung, -en *l'assurance
vie*
r Lenker, - *le guidon*
los·lassen, lässt los, ließ los, hat losgelas-
sen *lâcher, lâche, lâchait, lâcha,
a lâché*

r Mannschaftsarzt, ⸚e *le médecin de l'é-
quipe*
operieren *opérer*
s Rennrad, ⸚er *le vélo de course*
rückwärts *à reculons / en arrière*
rund um *(tout) autour de*
r Spielfeldrand, ⸚er *la limite du terrain
de jeu*
s Spielzeugauto, -s *la petite voiture
(jouet)*
e Sportklinik, -en *la clinique du sport*
r Sportplatz, ⸚e *le terrain de sport*
stolpern, ist gestolpert *trébucher, a tré-
buché*
stürzen, ist gestürzt *tomber, est tombé*
treffen, trifft, traf, hat getroffen *atteindre,
atteint, atteignait, atteignit, a atteint*
der Ball traf ihr rechtes Auge *la balle
l'atteignit à l'œil droit*
e Unfallanzeige, -n *la déclaration d'accident*
r Unfallhergang *le déroulement de
l'accident*
e Unfallursache, -n *la cause de l'accident*
e Unfallversicherung, -en *l'assurance
accidents*
r/e Versicherte, -n (ein Versicherter)
l'assuré(e) (un assuré)
e Versicherung, -en *l'assurance*
e Versicherungsnummer, -n *le numéro
de police (d'assurance)*
zu·schauen *regarder*

r Arbeitsunfall, ⸚e *l'accident du travail*
r Radfreund, -e *l'ami du vélo*
s Unfalldatum, -daten *la date de l'accident*
e Vereinsversicherung, -en *le groupement des assurances*
versichert *assuré*
e Versicherungsgesellschaft, -en *la
compagnie d'assurances*
r Versicherungsnehmer, - *l'assuré*

r Versicherungsschein, -e   *la police d'assurance*

Zusätzlicher Wortschatz im Arbeitsbuch
Vocabulaire complémentaire

s Fieberthermometer, -   *le thermomètre*
e Freude, -   *la joie*
s Gift, -e   *le poison / le venin*
s Heimweh   *le mal du pays / la nostalgie*
e Langeweile   *l'ennui*
e Operation, en   *l'opération*
e Salbe, -n   *la pommade*
e Schwangerschaft   *la grossesse*
Tropfen (pl.)   *les gouttes*
r Verband, ⸚e   *le bandage*
s Versehen   *la négligence / la méprise*

Lektion 16

e Anmeldung, -en   *l'inscription*
an·schließen, schließt an, schloss an, hat angeschlossen   *brancher, branche, branchait, brancha, a branché*
e Antenne, -n   *l'antenne*
aus·laden, lädt aus, lud aus, hat ausgeladen   *décharger, décharge, déchargeait, déchargea, a déchargé*
außer   *hors*
r Betrieb, -e   *le fonctionnement / le service*
außer Betrieb   *hors service*
s Erdgeschoss, -e   *le rez-de-chaussée*
s Fensterbrett, -er   *le rebord de la fenêtre*
montieren   *monter / installer*
s Paket, -e   *le paquet*
s Passiv   *le passif*
verbieten, verbietet, verbot, hat verboten   *interdire, interdit, interdisait, interdit, a interdit*
verboten   *interdit*

e Anfrage, -n   *la demande*
r Architekt, -en   *l'architecte*
e Aufgabe, -n   *la tâche*
r Autosammler, -   *le collectionneur de voitures*
beantragen   *contracter*
befriedigen   *satisfaire*
berechnen   *calculer*
besitzen, besitzt, besaß, hat besessen   *posséder, possède, possédait, posséda, a possédé*
blühen   *être florissant*
   das Geschäft blüht   *l'affaire est florissante*
ca. (= zirka)   *environ*
r Champagner   *le champagne*
e Datenbank, -en   *la banque de données*
e Dienstleistung, -en   *la prestation de service*
enthalten, enthält, enthielt, hat enthalten   *contenir, contient, contenait, contint, a contenu*
entwerfen, entwirft, entwarf, hat entworfen   *concevoir, conçoit, concevait, conçut, a conçu*
e Erfolgsgeschichte, -n   *l'histoire d'une réussite*
eröffnen (ein Unternehmen)   *ouvrir / inaugurer*
r Feiertag, -e   *le jour férié*
r Fernsehmechaniker, -   *le réparateur de télévisions*
r Frühstücksservice   *le service de petit déjeuner*
s Gebäude, -   *le bâtiment*
e Gebrauchsanweisung, -en   *le mode d'emploi*
e Gebühr, -en   *la taxe / le droit*
r Gegenstand, ⸚e   *l'objet*
genügen   *suffire*
   Anruf genügt   *il suffit d'un appel téléphonique*
e Geschäftsidee, -n   *une idée commerciale*

r Geschäftsmann, -leute   l'homme d'affaires
r Handel   le commerce
e Hausfrau, -en   la maîtresse de maison
heraus·springen, springt heraus, sprang heraus, ist herausgesprungen   jaillir, jaillit, jaillissait, jaillit, a jailli
her·stellen   fabriquer
heraus·suchen   rechercher
herunter·laden, lädt herunter, lud herunter, hat heruntergeladen   charger, charge, chargeait, chargea, a chargé
der Computer hat die elektronische Post heruntergeladen   l'ordinateur a chargé le courrier électronique
s Honorar, -e   les honoraires
e Industrie, -n   l'industrie
insgesamt   en tout / au total
japanisch   japonais
s Kapital   le capital
r Kaviar   le caviar
klassisch   classique
kommen   venir
ihm kam eine Idee   une idée lui vint
e Königin, -nen   la reine
r Krieg, -e   la guerre
e Küchenmaschine, -n   l'appareil culinaire
r Lebensmittelmarkt, ⁻e   le marché (des denrées alimentaires)
liefern   livrer
luxuriös   de luxe
s Luxusfrühstück   le petit-déjeuner de luxe
meiste   le plus de
die meiste Arbeit   le plus de travail
e Nachfrage, -n   la demande
e Nadel, -n   le diamant (électrophone)
eine Nadel für einen Plattenspieler   un diamant pour un électrophone
nicht genug   pas assez
originell   original
r Partner, -   le partenaire
r Plattenspieler, -   l'électrophone

produzieren   produire
e Quelle, -n   la source
e Selbstständigkeit   l'indépendance
sobald   dès que
Sonder-   spécial
ein Sonder-Katalog   un catalogue spécial
r Sonntagmorgen   le dimanche matin
Spezial-   spécial
Ein Spezial-Geschäft   Un commerce spécial
r Sprung, ⁻e (in die Selbstständigkeit)   le saut / le pas (vers l'indépendance)
s Törtchen, -   la tartelette
verloren gehen   disparaître
vermitteln   procurer
während (Subjunktor / adversativ)   tandis que
Während klassische Arbeitsplätze verloren gehen …   Tandis que des postes traditionnels de travail disparaissent, …
s Werkzeug, -e   l'instrument
wertvoll   précieux
worden → werden   été (auxiliaire werden au passif)
zahlreich   nombreux
zerstört   détruit
zu wenig   trop peu

Seite 161

r Arbeitnehmer, -   l'employé / le salarié
auf·kommen, kommt auf, kam auf, ist aufgekommen   venir (à quelqu'un), vient, venait, vint, est venu
e Ausgabe, -n   la dépense
die Ausgaben für Energie   les dépenses pour l'énergie
r Bedarf   le besoin
beinahe   près de / presque
e Beratung, -en   le conseil / la consultation
e Beratungsfirma, -firmen   l'entreprise de consultants

betragen, beträgt, betrug, hat betragen
s'élever, s'élève, s'élevait, s'éleva, s'est élevé
die Ausgaben betrugen ...   *les dépenses s'élevaient à ...*
r Betrieb, -e (= Industriebetrieb)   *l'exploitation*
ein·führen   *introduire*
elektrisch   *électrique*
e Energie, -n   *l'énergie*
Energiekosten (pl)   *le coût de l'énergie*
erhöhen   *accroître*
e Fabrik, -en   *l'usine*
e Frühstücksart, -en   *la sorte de petit déjeuner*
s Gebiet, -e   *le domaine*
gesamt   *global*
giftig   *nocif*
günstig   *favorable*
e Hälfte, -n   *la moitié*
s Haushaltsgerät, -e   *l'appareil ménager*
s Institut, -e   *l'institut / l'institution*
s Interesse, -n   *l'intérêt*
e Kontrolle, -n   *le contrôle*
Kosten (pl)   *le coût / les frais*
kündigen   *donner son congé / démissionner*
r Lebenspartner, -   *le compagnon / le partenaire*
s Material, -ien   *le matériau*
e Metallindustrie   *l'industrie métallurgique*
mittlere   *moyen*
kleine und mittlere Unternehmen   *petites et moyennes entreprises*
e Möbelfabrik, -en   *la fabrique de meubles*
nicht nur   *pas seulement*
r Öko-Spinner, -   *le fou d'écologie*
e Ökologie-Steuer, -n   *l'impôt-écologie*
e Planungsabteilung, -en   *le département de la planification*
r Praktikant, -en   *le stagiaire*
e Produktion, -en   *la production*
realisieren   *réaliser*

e Ressource, -n   *la ressource*
scheinen, scheint, schien, hat geschienen
sembler, semble, semblait, sembla, a semblé
das scheint zu funktionieren   *ça semble fonctionner*
schon mal   *parfois*
es kommt schon mal vor, dass ...
il arrive parfois que ...
r Schutz   *la protection*
r/s Service   *le service*
seit   *depuis*
Seit in Deutschland die Ökologie-Steuer eingeführt worden ist   *Depuis l'introduction en Allemagne de l'impôt-écologie*
e Sicherheit, -en   *la sécurité*
sinken, sinkt, sank, ist gesunken
baisser, baisse, baissait, baissa, a baissé
r Stoff, -e   *le matériau*
r Studienabschluss, ⁼e   *la fin des études*
e Tätigkeit, -en   *l'activité*
technisch   *technique*
teilweise   *partiel(lement)*
e Umwelt   *l'environnement*
r Umweltschutz   *la protection de l'environnement*
verbrauchen   *utiliser*
s Verfahren, -   *le procédé*
r Vermittlungsservice, -s   *le service d'intervention / de médiation*
vor·kommen, kommt vor, kam vor, ist vorgekommen   *arriver, arrive, arrivait, arriva, est arrivé*
r Wasserverbrauch   *la consommation d'eau*
wundern (sich)   *s'étonner*
zuliebe   *par amour*
der Umwelt zuliebe   *par amour pour l'environnement*

Seite 162

an·hören   *écouter*
r Anrufer, -   *la personne qui téléphone*

an·stellen   *employer*
  in einer Firma angestellt sein   *être*
  employé dans une entreprise
r Arbeitgeber, -   *l'employeur*
s Arbeitsrecht   *le droit du travail*
e Auskunft, ⁔e   *le renseignement*
beenden   *achever / prendre fin*
beraten, berät, beriet, hat beraten
  conseiller, conseille, conseillait, con-
  seilla, a conseillé
r Bereich, -e   *le domaine*
billig   *bon marché*
s Bundesamt, ⁔er   *le bureau fédéral*
  das statistische Bundesamt   *le bureau*
  fédéral des statistiques
durchschnittlich   *en moyenne*
e Eheberaterin, -nen   *la conseillère con-*
  jugale
einigen (sich)   *se mettre d'accord*
  Arbeitgeber und Gewerkschaften haben
  sich auf 4 % Lohnerhöhung geeinigt.
  L'employeur et les syndicats se sont
  mis d'accord sur une augmentation
  des salaires de 4%.
s Einkommen, -   *le revenu*
entlassen, entlässt, entließ, hat entlas-
  sen   *licencier, licencie, licenciait,*
  licencia, a licencié
s Ergebnis, -se   *le résultat*
erwerben, erwirbt, erwarb, hat erworben
  acquérir, acquiert, acquérait, acquit, a
  acquis
e Existenz, -en   *l'existence / les*
  besoins
e Facharbeiterin, -nen   *l'employée quali-*
  fiée
r Fragebogen, -   *le questionnaire*
r Frieden   *la paix*
e Garantie, -n   *la garantie*
e Gesprächspsychologie   *la psychologie*
  du dialogue
e Gewerkschaft, -en   *le syndicat*
r Haushalt, -e   *le ménage / le budget*
e Holzfabrik, -en   *l'usine de bois*
Kenntnisse (pl)   *les connaissances*

s Konto, Konten   *le compte*
kostenlos   *gratuit*
e Lohnerhöhung, -en   *l'augmentation*
  des salaires
r Markenartikel, -   *l'article de marque*
r Metallarbeiter, -   *l'ouvrier métallurgi-*
  que
mit·teilen   *faire savoir / transmettre*
s Möbelgeschäft, -e   *le magasin de*
  meubles
r Neuwagen, -   *le nouveau modèle de*
  voiture
niedrig   *bas*
e Not, ⁔e   *la détresse*
öfter   *plus souvent*
per   *par*
  per Telefon   *par téléphone*
e Qualität, -en   *la qualité*
e Radionachricht, -en   *la nouvelle à la*
  radio
e Retterin, -nen   *la bienfaitrice*
sich scheiden lassen   *divorcer*
selbstverständlich   *naturellement*
sichern   *garantir / assurer*
statistisch   *statistique*
streiken   *faire la grève*
e Streitigkeit, -en   *la querelle*
r Telefonkontakt, -e   *le contact télépho-*
  nique
e Telefonpsychologin, -nen   *la psycholo-*
  gue (par téléphone)
trennen   *séparer*
  …, wenn ein Paar sich nicht mehr trennen will.   …, *lorsqu'un couple ne*
  veut plus se séparer.
überweisen, überweist, überwies, hat
  überwiesen   *virer, vire, virait, vira, a*
  viré
r Verbraucher, -   *le consommateur*
e Verhandlung, -en   *la négociation*
verlangen   *exiger*
r Vertrag, ⁔e   *le contrat*
zu·schicken   *envoyer*

e Arbeitsbedingung, -en   *la condition de travail*
befürchten   *craindre / redouter*
   Es wird befürchtet, ...   *On craint ...*
behaupten   *prétendre*
   Es wird behauptet, ...   *On prétend ...*
Berliner   *berlinois*
   der Berliner Unternehmer   *un entrepreneur berlinois*
e Betriebsleitung, -en   *la direction de l'entreprise*
r Betriebsrat, ⁻e   *le comité d'entreprise*
s Bundesfinanzministerium   *le ministère fédéral des Finances*
dagegen   *contre*
   dagegen protestieren, dass ...
   protester contre le fait que ...
r Dollarkurs   *le cours du dollar*
e Erhöhung, -en   *l'augmentation*
europäisch   *européen*
hoch, höher   *élevé, plus élevé*
   höhere Löhne   *des salaires plus élevés*
r Kurs, -e   *le cours*
s Prozent, -e   *le pourcentage*
e Sitzung, -en   *la séance*
e Steuerschuld, -en   *la dette fiscale*
e Tabaksteuer, -n   *la taxe sur le tabac*
r Unternehmer, -   *l'entrepreneur*
verhaften   *arrêter*
vermuten   *supposer*
   es wird vermutet, ...   *on suppose...*
r Versuch, -e   *la tentative*
   bei dem Versuch   *lors de la tentative*
verzichten   *renoncer*
s Werk, -e   *l'établissement / l'usine*
e Zentralbank, -en   *la banque centrale*
e Zigarre, -n   *le cigare*
Zinsen (pl)   *les intérêts*

r Infinitiv, -e   *l'infinitif*
s Partizip, -ien   *le participe*
e Silbe, -n   *la syllabe*

e Aktion, -en   *l'action*
e Alarmanlage, -n   *le système d'alarme*
bereit·liegen, liegt bereit, lag bereit, hat bereitgelegen   *préparer, prépare, préparait, prépara, a préparé*
drin   *dedans*
   Hoffentlich sind keine Fehler mehr drin.
   J'espère qu'il n'y a pas d'erreurs dedans.
frankieren   *affranchir*
hin·stellen   *disposer*
keine Sorge!   *Pas de problème!*
kopieren   *(photo)copier*
nach·sehen, sieht nach, sah nach, hat nachgesehen   *vérifier, vérifie, vérifiait, vérifia, a vérifié*
nötig   *nécessaire*
   Das ist nicht mehr nötig.   *Ce n'est plus nécessaire.*
sehr gut   *très bien*
sorgen   *veiller*
   Sie sorgen dafür, dass ...   *Ils veillent à ce que...*
e Viertelstunde, -n   *le quart d'heure*
Was ist mit der Alarmanlage?   *Que se passe-t-il avec le système d'alarme?*

s Becken, -   *le bac*
ein·setzen   *mettre*
r Kochtopf, ⁻e   *la casserole*

belegen   *garnir*
   Brote belegen   *garnir du pain*
s Butterbrot, -e   *la tartine*
s Eibrot, -e   *le sandwich à l'oeuf*
eingepackt   *emballer*
e Eischeibe, -n   *la rondelle d'oeuf*
r Roboter, -   *le robot*
salzen, salzt, salzte, hat gesalzen   *saler, sale, salait, sala, a salé*

Zusätzlicher Wortschatz im Arbeitsbuch
Vocabulaire complémentaire

e Ablehnung, -en *le refus*
e Berechnung, -en *le calcul / l'estimation*
e Einführung, -en *l'introduction*
e Entwicklung, -en *l'évolution / le déve-*
  loppement
e Eröffnung, -en *l'ouverture / l'inauguration*
e Erzählung, -en *le récit*
e Klingel, -n *la sonnette*
r Kugelschreiber, - *le stylo-bille*
e Kündigung, -en *le licenciement*
r Pinsel, - *le pinceau*

Lektion 17

Seite 168

r/s Cartoon, -s *le dessin animé*
entweder ... oder *ou..., ou... / soit...,*
  soit...
r Kaktus, -teen *le cactus*
kämpfen *se battre / lutter*
nicht nur ... sondern auch *non seule-*
  ment..., mais encore
e Palme, -n *le palmier*
weder ... noch *ni... ni...*
zwar ... aber *certes..., mais*

Seite 169

e Betriebsfeier, -n *le pot d'entreprise*
r Buchhalter, - *le comptable*
r Bundeskanzler, - *le Chancelier fédéral*
s Doppelzimmer, - *la chambre double*
r Eimer, - *le seau*
ein·brechen, bricht ein, brach ein, ist ein-
  gebrochen *cambrioler, cambriole,*
  cambriolait, cambriola, a cambriolé
e Eintrittskarte, -n *le billet d'entrée*
e Einzelheit, -en *le détail / la particu-*
  larité
einzig *seul / unique*
  ... der einzige, der nicht gelacht hat, ...
  ... le seul à ne pas rire, ...

erschrecken, erschreckt, erschreckte,
  hat erschreckt *effrayer, effraie,*
  effrayait, effraya, a effrayé
r Humor *l'humour*
e Illustrierte, -n *le magazine*
r Kassierer, - *le caissier*
e Kinokasse, -n *la caisse du cinéma*
na bitte *alors s'il vous plaît*
na schön *c'est bien*
nanu *pas possible*
r Portier, -s *le réceptionniste*
r Saal, Säle *la salle*
stoppen *arrêter*
voll *plein*
  eine Hand voll *une poignée (= une*
  main pleine)
weg·nehmen, nimmt weg, nahm weg, hat
  weggenommen *prendre, prend,*
  prenait, prit, a pris
zerreißen, zerreißt, zerriss, hat zerrissen
  déchirer, déchire, déchirait, déchira, a
  déchiré
s Zeugnis, -se *le bulletin de notes*

Seite 170

abhängig *dépendant*
e Anekdote, -n *l'anecdote*
an·sehen, sieht an, sah an, hat angese-
  hen *regarder*
auf·schlagen, schlägt auf, schlug auf, hat
  aufgeschlagen *ouvrir, ouvre, ouvrait,*
  ouvrit, a ouvert
  ein Ei aufschlagen *ouvrir un œuf (à*
  la coque)
auf·schreiben, schreibt auf, schrieb auf,
  hat aufgeschrieben *noter, note,*
  notait, nota, a noté
auf·sehen, sieht auf, sah auf, hat aufgese-
  hen *lever les yeux, lève les yeux,*
  levait les yeux, leva les yeux, a levé
  les yeux
  Beethoven sah von seinen Noten auf.
  Beethoven leva les yeux de ses notes.
auf·treten, tritt auf, trat auf, ist aufgetreten
  (ap)paraître, (ap)paraît, (ap)parais-

sait, (ap)parut, est apparu / a paru
selbstbewusst auftreten   (ap)paraître
   prétentieux
r Behandlungsraum, ¨e   le cabinet
beschäftigt   occupé à
   mit dem Komponieren beschäftigt
   occupé à composer
beschweren (sich)   se plaindre
r Dirigent, -en   le chef d'orchestre
entfernen *(sich)*   s'éloigner
entschuldigen   excuser
   sich entschuldigen   s'excuser
   sich entschuldigen lassen   se faire
   excuser
r Filmschauspieler, -   l'acteur de cinéma
e Gastgeberin, -nen   l'hôtesse
e Geige, -n   le violon
s Gepäckstück, -e   le bagage
gewürzt   assaisonné
häufig   souvent / fréquemment
hilflos   désemparé
hin·setzen (sich)   s'asseoir, s'assied,
   s'asseyait, s'assit, s'est assis
hinüber·schauen   regarder au-delà de
e Hofoper, -n   l'Opéra de la cour /
   l'Opéra royal
e Hutschachtel, -n   le carton à chapeaux
s Instrument, -e   l'instrument
jedoch   cependant
r Kaffeetisch, -e   la table (où est servi le
   café)
komisch   comique
   eine komische Rolle   un rôle comique
komponieren   composer
e Komposition, -en   la composition
liegen lassen   laisser
r Meister, - (in Kunst / Musik)   le Maître
e Melodie, -n   la mélodie
nachdem   après que
nachdenklich   songeur
e Note, -n (= Musiknote)   la note (de
   musique)
   Beethoven sah von seinen Noten auf.
   Beethoven leva les yeux de ses notes.
s Notenpapier   le papier musique

e Öffentlichkeit   le public
r Opernsänger, -   le chanteur d'opéra
r Organist, -en   l'organiste
r Philharmoniker, -   l'orchestre philhar-
   monique / la philharmonie
r Pianist, -en   le pianiste
r Professor, -en   le professeur
e Reisetasche, -n   le sac de voyage
schon wieder   une fois de plus
e Schwäche, -n   la faiblesse
selbstbewusst   prétentieux / conscient
   de sa valeur
servieren   servir
so ..., dass ...   si ... que
souverän   souverain / supérieur
e Speise, -n   les aliments
stets   constamment / toujours
s Süße   le sucré
um·drehen (sich)   se tourner
verehrt   cher (respectable)
   verehrter Meister   cher Maître
vergehen   passer / s'écouler
   Nachdem mehr als eine Stunde vergan-
   gen war ...   Après qu'une heure se
   fut écoulée ...
verwundert   étonné
r Violinist, -en   le violoniste
vorzüglich   exquis
s Wartezimmer, -   la salle d'attente
e Weile   le moment

Seite *171*

auf·reißen, reißt auf, riss auf, hat aufgeris-
   sen   ouvrir (violemment), ouvre,
   ouvrait, ouvrit, a ouvert
brummen   grogner / bougonner
   Der Meister brummte ungeduldig: ...
   Le Maître bougonna avec impatience
dirigieren   diriger
s Festspiel, -e   le festival
s Lieblingsgericht, -e   le plat préféré
musikalisch   musical
offenbar   manifestement
e Oper, -n   l'opéra
s Opernhaus, ¨er   l'Opéra

69

s Plusquamperfekt   *le plus-que-parfait*
prominent   *éminent*
rasch   *rapidement*
r Rücksitz, -e   *le siège arrière*
starten   *mettre en marche / démarrer*
   den Motor starten   *mettre le moteur
   en marche*
ungeduldig   *impatient (impatiemment)*

Seite 172

r Ameisenbär, -en   *le fourmilier / le
   tamanoir*
r Aprilscherz, -e   *le poisson d'avril*
begegnen, ist begegnet   *rencontrer, a
   rencontré*
bestätigen   *confirmer*
dadurch   *ainsi*
   Die Kleinen haben dadurch gelernt, wie
   …   *Les petits ont ainsi appris comment …*
r Eisbär, -en   *l'ours polaire / l'ours blanc*
färben   *teindre*
föhnen   *sécher les cheveux*
e Fremdsprache, -n   *la langue étrangè-
   re*
frieren, friert, fror, hat gefroren   *geler,
   gèle, gelait, gela, a gelé*
gegenseitig   *mutuel(lement) / récipro-
   que(ment)*
e Hündin, -nen   *la chienne*
r Mäusevater, ¨   *le père-souris*
r Nordpol   *le pôle Nord*
r Scherz, -e   *la blague*
schreien, schreit, schrie, hat geschrien
   crier, crie, criait, cria, a crié
Urgroßeltern (pl)   *les arrière-grands-
   parents*
wau   *ouah*
r Wolfshund, -e   *le chien-loup*

Seite 173

e Abteilung, -en   *la section / le département*
bitten, bittet, bat, hat gebeten

   demander, demande, demandait,
   demanda, a demandé
r Blondinenwitz, -e   *la blague sur les
   blondes un peu niaises*
CDU (Christlich Demokratische Union /
   Deutschlands /)   *la CDU (Union
   Chrétienne Démocratique /
   d'Allemagne /)*
e Ehefrau, -en   *la femme / l'épouse*
empfindlich   *sensible / susceptible*
s Frühstücksei, -er   *l'œuf du petit déjeuner*
die Grünen   *les verts*
hüten (sich)   *se garder de*
keinesfalls   *en aucun cas*
leiser   *plus doucement*
   die Musik leiser stellen   *baisser la
   musique (= mettre la musique plus
   doucement)*
r Politiker, -   *le politicien*
politisch   *politique*
schnarchen   *ronfler*
r Sexwitz, -e   *la blague salace*
r Sketsch, -e   *le sketch*
e Tomatensuppe, -n   *la soupe à la
   tomate*
r Verdacht, -e   *le soupçon*
wählen   *voter*
   die Grünen (eine Partei) wählen
   voter pour les verts (un parti)

Seite 174

s Blaukraut   *le chou rouge*
s Brautkleid, -er   *la robe de mariée*
fischen   *pêcher*
s Flachdach, ¨er   *le toit plat (en terrasse)*
s Gartenhaus, ¨er   *le petit pavillon / l'a-
   bri de jardin*
hübsch   *joliment*
   etwas hübsch einpacken   *envelopper
   joliment quelque chose*
r Kirschkern, -e   *le noyau de cerise*
e Klapper, -n   *la sonnette (du serpent)*
klappern   *cliqueter*

e Klapperschlange, -n   *le serpent à sonnettes*
knacken   *craquer / croquer*
schlapp   *mou*
s Schokoladenschwein, -e   *le cochon en chocolat*
vors = vor das   *devant le / la*
r Zentner, -   *le quintal*
e Ziege, -n   *la chèvre*
r Zungenbrecher, -   *l'exercice d'assouplissement de la langue*

Seite *175*

r Besucher, -   *le visiteur*
Das kann man wohl sagen!   *Ça, on peut le dire !*
falsch   *faux*
das falsche Datum   *la fausse date*
r Imbiss, -e   *la boutique / le stand de casse-croûte*
s Missverständnis, -se   *le malentendu*
peinlich   *pénible / horrible*
Wie peinlich!   *Oh l'horreur!*
e Schuld   *la faute*
e Überraschungsparty, -s   *l'anniversaire surprise*
s Versehen   *l'erreur*
aus Versehen   *par erreur / par mégarde*
vorgestern   *avant-hier*
weg·schicken   *renvoyer*

Seite *176*

r Anzug, ̈e   *le costume / le vêtement*
aus der Reihe tanzen   *ne pas faire comme les autres*
e Bedeutung, -en   *la signification*
das ganze Haus auf den Kopf stellen   *mettre la maison sens dessus dessous*
elegant   *élégant*
gesucht   *cherché*
s Jogging   *le jogging*
r Jogging-Anzug   *le (vêtement de) jogging*
mal wieder   *une fois de plus*

nur Bahnhof verstehen   *ne rien comprendre*
e Redensart, -en   *l'expression idiomatique*
e Reihe, -n   *le rang*
e Theorie, -n   *la théorie*
verständlich   *compréhensible*
verzweifelt   *désespéré(ment)*
e Vorlesung, -en   *le cours*
vor·stellen   *présenter*
eine neue Theorie vorstellen   *présenter une nouvelle théorie*
s Wort, -e   *le mot*

Seite *177*

aus allen Wolken fallen   *tomber des nues*
r Bauch, ̈e   *le ventre*
sich die Beine in den Bauch stehen   *faire le pied de grue*
ganz schön   *beaucoup de*
hauen, haut, haute, hat gehauen   *frapper, frappe, frappait, frappa, a frappé*
ganz schön auf die Pauke hauen   *faire beaucoup de vacarme*
e Klappe, -n   *la tapette*
zwei Fliegen mit einer Klappe schlagen   *faire d'une pierre deux coups (= tuer deux mouches avec une tapette)*
kürzlich   *récemment*
r Mechaniker, -   *le mécanicien*
e Pauke, -n   *la grosse caisse*
Schlange stehen   *faire la queue*
überhaupt nichts   *rien du tout*

Lektion 18

Seite *178*

e Annahme, -n   *la supposition*
Annahmen über die Zukunft   *suppositions sur le futur*
e Arbeitslosigkeit   *le chômage*
r Außenminister, -   *le ministre des Affaires étrangères*

aus·gehen, geht aus, ging aus, ist ausgegangen *donner, donne, donnait, donna, a donné*
Wie gehen die Wahlen aus? *Que donneront les élections ?*
e **Ehe, -n** *le mariage*
entstehen, entsteht, entstand, ist entstanden *engendrer, engendre, engendrait, engendra, a engendré*
e Exportchance, -n *la perspective de l'exportation*
s Futur *le futur*
e **Inflation, -en** *l'inflation*
knapp *de justesse*
e Koalition, -en *la coalition*
Wird die Koalition halten? *La coalition va-t-elle se maintenir?*
r Ministerpräsident, -en *le ministre-président*
miteinander *l'un avec l'autre*
keine Probleme miteinander bekommen *n'avoir aucun problème l'un avec l'autre*
modisch *à la mode*
Neuseeland *la Nouvelle Zélande*
e **Partei, -en** *le parti*
e **Regierung, -en** *le gouvernement*
r Roman, -e *le roman*
stabil *stable*
um·sehen, sieht um, sah um, hat umgesehen (sich) *rechercher, recherche, recherchait, recherchait, a recherché*
sich nach einem anderen Partner umsehen *rechercher un autre partenaire*
veröffentlichen *publier*
e **Wahl, -en** *l'élection / le vote*
r Zeitpunkt, -e *le moment / l'époque*
e **Zeitschrift, -en** *la revue*
zurück·treten, tritt zurück, trat zurück, ist zurückgetreten *se retirer, se retire, se retirait, se retira, s'est retiré*

Seite *179*

Amerika *l'Amérique*

r Benzinmotor, -en *le moteur à essence*
r Buchdruck *l'imprimerie*
r Dinosaurier, - *le dinosaure*
r Eisberg, -e *l'iceberg*
r Engländer, - *l'Anglais*
erfinden, erfindet, erfand, hat erfunden *inventer, invente, inventait, inventa, a inventé*
r Eurotunnel *l'eurotunnel*
r Franzose, -n *le Français*
s Gedankenspiel, -e *la supposition / la vue de l'esprit*
gründen *fonder / créer*
e Infektionskrankheit, -en *la maladie infectieuse*
e Klimakatastrophe, -n *la catastrophe climatique*
s **Penicillin** *la pénicilline*
rechtzeitig *à temps*
r Römer, - *le Romain*
s **Schiff, -e** *le bateau / le paquebot*
r Telegraf, -en *le télégraphe*
r **Zufall, ⁻e** *le hasard*
etwas durch Zufall entdecken *découvrir quelque chose par hasard*

Seite *180*

s Auge, -n *l'oeil*
etwas vor Augen haben *avoir quelque chose à l'esprit (= devant l'œil)*
amerikanisch *américain*
außerhalb *en dehors de*
außerhalb der Stadt *en dehors de la ville*
e Bundesrepublik *la République fédérale*
DDR (Deutsche Demokratische Republik) *la RDA (République démocratique allemande)*
r Deutschlandbesuch, -e *la visite en Allemagne*
e Ermordung, -en *l'assassinat*
e Fahne, -n *le drapeau*
r Fernsehabend, -e *la soirée devant la télévision*

r Fernsehapparat, -e   *la télévision / le poste de télévision*
s Geburtsjahr, -e   *l'année de naissance*
e Geschichte   *l'histoire*
Gymnasiallehrer für Deutsch und Geschichte   *professeur d'allemand et d'histoire*
s Gesprächsthema, -themen   *le thème / sujet de discussion*
e Gewohnheit, -en   *l'habitude*
r Gymnasiallehrer, -   *le professeur (de lycée)*
s Handy, -s   *le (téléphone) portable*
e Hauptsache, -n   *le principal*
s Idol, -e   *l'idole*
r Käfer, -   *le coléoptère*
  r VW-Käfer   *la Coccinelle*
r Mauerbau   *la construction du Mur*
s Nachkriegsjahr, -e   *l'année d'après-guerre*
s Programm, -e   *le programme*
s Salzgebäck   *le biscuit salé*
r Samstagabend, -e   *le samedi soir*
r Schoß, ⁻e   *les genoux*
schulfrei   *congé /pas d'école*
e Sendung, -en   *l'émission*
s Spazierengehen   *la promenade*
s Waldgebiet, -e   *la région forestière*
woran   *dont*
  Das Nächste, woran ich mich erinnere, ...   *Ce dont je me souviens ensuite, ...*

Seite 181

s Attentat, -e   *l'attentat*
aufregend   *excitant*
ein·mischen (sich)   *se mêler de*
entsetzlich   *affreux*
s Fernsehbild, -er   *l'image télévisée*
filmen   *filmer*
r Gymnasiast, -en   *le lycéen*
in der Hauptsache   *essentiellement*
insbesondere   *en particulier*
r Jahrgang, ⁻e   *l'année*
r Kapitalismus   *le capitalisme*

kapitalistisch   *capitaliste*
r Kommunist, -en   *le communiste*
r Lehrerberuf, -e   *le professorat*
lustig   *drôle*
  sich über ... lustig machen   *se moquer de ...*
e Politik   *la politique*
r Präsident, -en   *le président*
e Rockgruppe, -n   *le groupe de rock*
r Standpunkt, -e   *le point de vue*
e Studentenzeit   *les années d'études*
s System, -e   *le système*
r Tierarzt, ⁻e   *le vétérinaire*
e Tiermedizin   *la médecine vétérinaire*
r/e Verwandte, -n (ein Verwandter)   *la famille / les parents (le parent)*

Seite 182

auf jeden Fall   *en tout cas*
auf keinen Fall   *en aucun cas*
aus·geben, gibt aus, gab aus, hat ausgegeben   *dépenser, dépense, dépensait, dépensa, a dépensé*
  Geld ausgeben   *dépenser de l'argent*
autofreundlich   *fan de voitures*
r Busfahrpreis, -e   *le prix d'un trajet en bus*
r Christdemokrat, -en   *le chrétien-démocrate*
einkaufsfreundlich   *fan des achats*
r Eintrittspreis, -e   *le prix d'entrée*
einziehen, zieht ein, zog ein, ist eingezogen   *entrer, entre, entrait, entra, est entré*
  in den Stadtrat einziehen   *entrer au Conseil d'État*
familienfreundlich   *fan de la famille*
F.D.P. (Freie Demokratische Partei)   *le FDP (parti libéral démocrate)*
e Finanzsituation, -en   *la situation financière*
fördern   *encourager / promouvoir*
r Gewinner, -   *le gagnant*
e Grafik, -en   *le graphique*
e Hochrechnung, -en   *l'estimation*

katastrophal *catastrophique*
kinderfreundlich *fan des enfants*
r **Kindergarten,** ̈ *le jardin d'enfants*
r Kindergartenplatz, ̈e *le jardin d'enfants*
r Nahverkehr *le trafic suburbain*
öffentlich *public*
r Redner, - *l'orateur*
e Renovierung, -en *la restauration*
schaffen, schafft, schuf, hat geschaffen
  créer, crée, créait, créa, a créé
  neue Kindergartenplätze schaffen
  créer de nouveaux jardins d'enfants
so dass / sodass *de telle sorte que*
  ..., so dass die Busfahrpreise gesenkt
  werden können ..., *de telle sorte
  que les prix des trajets en bus puissent être abaissés*
sollen *devoir*
  Das Parken soll verboten werden.
  ·*Le stationnement doit être interdit.*
r Sozialdemokrat, -en *le social-démocrate*
SPD (Sozialdemokratische Partei
  Deutschlands) *le SPD (parti social-démocrate allemand)*
e Stadtbücherei, -en *la bibliothèque municipale*
s Stadtparlament, -e *la mairie*
r Stadtrat, ̈e *le conseil municipal*
tierfreundlich *fan des animaux*
übrig *autre*
  die übrigen Parteien *les autres partis*
r Umbau, -ten *la transformation / la reconstruction*
umweltfreundlich *fan de l'environnement*
verschlechtern (sich) *se détériorer*
r **Vertreter, -** *le représentant*
  der Vertreter der SPD *le représentant du SPD*
vor·ziehen, zieht vor, zog vor, hat vorgezogen *préférer, préfère, préférait, préféra, a préféré*
r Wähler, - *l'électeur*

e Wahlkampfrede, -n *le discours de campagne électorale*

s **Abgas, -e** *l'échappement*
  Auto-Abgase *l'échappement d'une voiture*
  Industrie-Abgase *les déchets industriels*
ausreichend *suffisamment*
s Bankengesetz, -e *la loi bancaire*
britisch *britannique*
e Bundesregierung, -en *le gouvernement fédéral*
r Bundestag *le Bundestag*
r **Eindruck,** ̈e *l'impression*
einzeln *isolé*
  einzelne Mitglieder *des membres isolés*
e Energiepolitik *la politique de l'énergie*
eröffnen *ouvrir*
  eine Konferenz eröffnen *ouvrir une conférence*
e Exportwirtschaft *l'économie de l'exportation*
e **Gefahr, -en** *le danger*
s **Gesetz, -e** *la loi*
Greenpeace *Greenpeace*
s Kampfflugzeug, -e *l'avion de combat*
e **Krise, -n** *la crise*
e **Kritik, -en** *la critique*
Kurznachrichten (pl) *nouvelles brèves*
r Landwirtschaftsminister, - *le ministre de l'Agriculture*
loben *louer / rendre hommage*
Luxemburg *le Luxembourg*
s Machtinteresse, -n *l'intérêt des puissances*
e **Mehrheit, -en** *la majorité*
e Milliarde, -n *le milliard*
r Mitgliedsstaat, -en *l'État membre*
r Nationalrat, ̈e *(Schweiz)* *le Conseil national*
e **Opposition, -en** *l'opposition*
e **Organisation, -en** *l'organisation*

s Parlament, -e *le parlement*
positiv *positif*
e Pressekonferenz, -en *la conférence de presse*
regeln *réglementer*
  die Werte für Autoabgase neu regeln *réglementer le niveau de pollution des gaz d'échappement*
e Rückkehr *le retour*
scharf *aigu*
  scharfe Kritik *critique aiguë*
r Staatspräsident, -en *le chef de l'État*
e Steuerreform, -en *la réforme fiscale*
üben *exercer*
  Kritik üben *exercer une critique / critiquer*
r Umweltminister, - *le ministre de l'Environnement*
e Union, -en *l'union*
r Viehimport, -e *l'importation du bétail*
Vorschriften (pl) *les dispositions*
e Waffe, -n *l'arme*
warnen *prévenir / mettre en garde*
r Wert, -e *la valeur*
e Wirkung, -en *l'effet*
e Zusammenarbeit *la collaboration*
zusammen·kommen, kommt zusammen, kam zusammen, ist zusammengekommen *se réunir, se réunit, se réunissait, se réunit, s'est réuni*
zusammentreffen, trifft zusammen, traf zusammen, ist zusammengetroffen *se rencontrer, se rencontre, se rencontrait, se rencontra, s'est rencontré*

Seite 184

e Aussprache, -n *la prononciation*
aus·sprechen, spricht aus, sprach aus, hat ausgesprochen *prononcer, prononce, prononçait, prononça, a prononcé*
r Berater, - *le conseiller*
e Borste, -n *le poil de soie*
e Bürste, -n *la brosse*
bürsten *brosser*

r Gemüsehändler, - *le marchand de légumes*
halten, hält, hielt, hat gehalten *tenir, tient, tenait, tint, a tenu*
  Herbert hält Hildes Hand *Herbert tient la main de Hilde*
r Holzhändler, - *le marchand de bois*
s Holzhaus, ¨er *la maison en bois*
r Holzhut, ¨e (= Scherzwort) *le chapeau en bois (= plaisanterie)*
mehrmals *plusieurs fois*
r Metzger, - *le charcutier*
s Metzgermesser, - *le couteau de charcutier*
r Sieg, -e *la victoire*
r Sonnenhändler, - (= Scherzwort) *le marchand de soleil (= plaisanterie)*
s Sonnenhaus, ¨er (= Scherzwort) *la maison en soleil (= plaisanterie)*
r Sonnenhut, ¨e *le chapeau de soleil*
r Spatz, -en *le moineau*
  r Flugplatzspatz *le moineau de l'aéroport*
wetzen *aiguiser*

Seite 185

höchstwahrscheinlich *très probable(ment)*
möglicherweise *possible*
nicht dazu kommen ... zu *ne pas parvenir à ...*
seit langem *depuis longtemps*
e Verbindung, -en *la relation*
  mit jmdm in Verbindung sein *être en relation avec quelqu'un*
vermutlich *probablement*
von sich hören lassen *donner de ses nouvelles*
vorbei·gehen, geht vorbei, ging vorbei, ist vorbeigegangen *passer, passe, passait, passa, est passé*
  vielleicht gehe ich mal bei ihnen vorbei *je passerai peut-être un jour chez vous*
vorbei·schauen *passer (jeter un œil)*
  vielleicht schaue ich mal bei ihnen vor-

bei   *je passerai peut-être un jour chez vous*
Was ist aus Klaus geworden?   *Que devient Klaus?*
Was mir gerade einfällt: ...   *À propos : / J'y pense :*

Seite 186

ändern (sich)   *se transformer / se modifier*
e Arbeitszeit, -en   *le temps de travail / l'horaire de travail*
r Automat, -en   *le robot*
s Computerterminal, -s   *le terminal informatique*
darum   *c'est pourquoi*
r Fachmann, Fachleute   *le professionnel*
fern   *lointain*
e Form, -en   *la forme*
industriell   *industriel*
r Mond, -e   *la lune*
normal   *normal*
r Planet, -en   *la planète*
s Plätzchen, -   *la petite place*
   ein ruhiges Plätzchen   *une petite place tranquille*
s Reisebüro, -s   *l'agence de voyages*
sinnvoll   *judicieux / judicieusement*
spezialisieren   *spécialiser*
   eine hoch spezialisierte Aufgabe   *une tâche hautement spécialisée*
vergeblich   *en vain / vainement*
von ... aus   *de ...*
   von zu Hause aus   *de chez soi ...*

Seite 187

ab·geben, gibt ab, gab ab, hat abgegeben   *donner, donne, donnait, donna, a donné*
   seine Stimme abgeben   *donner sa voix*
ab·hängen, hängt ab, hing ab, hat abge-hangen   *dépendre, dépend, dépendait, dépendit, a dépendu*

s **Amt, ̈-er**   *la fonction*
   im Amt bleiben   *rester en fonction*
r **Apparat, -e**   *l'appareil*
r **Bürger, -**   *le citoyen*
denkbar   *pensable / concevable*
r Gesprächspartner, -   *l'interlocuteur*
s Glas   *le verre*
   Dächer aus Glas   *des toits en verre*
hinein·sprechen, spricht hinein, sprach hinein, hat hineingesprochen   *parler dedans, parle dedans, parlait dedans, parla dedans, a parlé dedans*
e **Jahreszeit, -en**   *la saison*
e **Klimaanlage, -n**   *la climatisation*
kommunal   *communal*
e Kommunalpolitik   *la politique de la commune*
e **Landwirtschaft**   *l'agriculture*
e **Leistung, -en**   *le rendement*
e **Mitbestimmung**   *la cogestion*
mündlich   *oral*
e Muttersprache, -n   *la langue maternelle*
notwendig   *nécessaire*
regeln   *régler / réguler*
   Die Temperatur wird zentral geregelt.   *La température sera régulée par une centrale.*
städtisch   *urbain*
e Streichholzschachtel, -n   *la boîte d'allumettes*
übersetzen   *traduire*
e Übersetzung, -en   *la traduction*
r Übersetzungscomputer, -   *l'ordinateur de traduction*
r **Unterschied, -e**   *la différence*
e Unterhaltung, -en   *l'entretien*
   bei mündlichen Unterhaltungen   *lors d'entretiens oraux*
verändern   *modifier*
zentral   *central*
zuverlässig   *fiable*

76

Seite *188*

r Boden, ∵ (Fußboden)   *le sol*
r Diener, -   *le valet*
s Kissen, -   *le coussin*
knien   *s'agenouiller*
e Königstochter, ∵   *la fille du roi*
nass machen   *mouiller*
r Ritter, -   *le chevalier*
e Szene, -n   *la scène*
treten, tritt, trat, hat getreten   *donner des coups de pied, donne, donnait, donna, a donné*
gegen die Tür treten   *donner des coups de pied contre la porte*
um·werfen, wirft um, warf um, hat umgeworfen   *renverser, renverse, renversait, renversa, a renversé*
verletzen   *blesser*
zerschneiden, zerschneidet, zerschnitt, hat zerschnitten   *mettre en pièces, met en pièces, mettait en pièces, mit en pièces, a mis en pièces*

Seite *189*

ein·sperren   *enfermer*
verbunden › verbinden, verbindet, verband, hat verbunden   *panser, panse, pansait, pansa, a pansé*
die verbundene Wunde   *la blessure pansée*
zerbrochen → zerbrechen, zerbricht, zerbrach, ist / hat zerbrochen   *briser, brise, brisait, brisa, a brisé*
der zerbrochene Spiegel   *le miroir brisé*

Seite *190*

alljährlich   *annuel*
an·ziehen, zieht an, zog an, hat angezogen   *attirer, attire, attirait, attira, a attiré*

eine Menge Zuschauer anziehen   *attirer une foule de spectateurs*
aufeinander   *successif*
an drei aufeinander folgenden Abenden   *en trois soirées successives*
auf·führen   *jouer (une pièce de théâtre)*
ein Theaterstück aufführen   *jouer une pièce de théâtre*
e Aufführung, -en   *la représentation*
ausverkauft   *totalement vendus*
s Ballkleid, -er   *la robe de bal*
beteiligen *(sich)*   *participer*
r Bewohner, -   *l'habitant*
e Bibliothek, -en   *la bibliothèque*
bilden   *constituer*
den Höhepunkt bildet ...   *... constitue l'apothéose*
bis heute   *jusqu'à aujourd'hui*
blass   *pâle*
e Buchausstellung, -en   *la foire du livre*
e Buchmesse, -n   *le salon du livre*
e Bühne, -n   *la scène*
s Bühnenfestspiel, -e   *le festival dramatique*
r Bundespräsident, -en   *le président fédéral*
r Chor, ∵e   *le choeur*
Christus   *le Christ*
r Darsteller, -   *l'interprète*
deutschsprachig   *en langue allemande*
e Diskussion, -en   *le débat*
e Documenta   *la documenta*
r Domplatz, ∵e   *le parvis de la cathédrale*
ebenso   *tout aussi*
e Ehre, -n   *l'honneur*
r Eintritt, -e   *l'entrée*
e Entwicklung, -en   *l'évolution / le développement*
erhalten, erhält, erhielt, hat erhalten   *obtenir, obtient, obtenait, obtint, a obtenu*
eine Karte für den Ball erhalten   *obtenir un carton pour le bal*

erscheinen, erscheint, erschien, ist erschienen *paraître, paraît, paraissait, parut, a paru*
ein Buch erscheint *un livre paraît*
s **Fernsehen** *la télévision*
das Fernsehen berichtet *la télévision rend compte*
s Festival, -s *le festival*
s Festspielhaus, ¨er *le théâtre des festivals*
e **Fläche, -n** *la superficie*
e Freilichtbühne, -n *la scène en plein air*
s Gebirgsdorf, ¨er *le village de montagne*
e Gesamtdauer *la durée totale*
gesellschaftlich *mondain*
e Großveranstaltung, -en *la grande manifestation / le grand événement*
halten, hält, hielt, hat gehalten *tenir, tient, tenait, tint, a tenu*
einen Rekord halten *tenir un record*
ein Versprechen halten *tenir une promesse*
r Höhepunkt, -e *l'apothéose / le point culminant*
e Hauptrolle, -n *le rôle principal*
her·kommen, kommt her, kam her, ist hergekommen *venir, vient, venait, vint, est venu*
man kommt nicht nur wegen der Bücher her *on ne vient pas seulement pour les livres*
herum *autour*
um den Dom herum *autour de la cathédrale*
s Hotelzimmer, - *la chambre d'hôtel*
r Hügel, - *la colline*
hüllen *draper / envelopper*
im Voraus *à l'avance*
innerhalb *en l'espace de*
innerhalb eines Jahres *en l'espace d'un an*
e Inszenierung, -en *la mise en scène*
interpretieren *interpréter*

irgendeiner *quelconque*
gekleidet → kleiden *vêtu → vêtir*
ebenso elegant gekleidete Journalisten *des journalistes tout aussi élégamment vêtus*
s **Konzert, -e** *le concert*
r Konzertsaal, -säle *la salle de concert*
e **Kultur, -en** *la culture*
r Kulturbetrieb *l'entreprise culturelle*
kulturell *culturel*
e **Kunst, ¨e** *l'art*
r **Künstler, -** *l'artiste*
lebendig *animé / vif*
eine lebendige Diskussion *un débat animé*
r Lieblingsautor, -en *l'auteur préféré*
liegen, liegt, lag, hat gelegen *tenir, tient, tenait, tint, a tenu*
das liegt an der Literatur *cela tient à la littérature*
e Literatur, -en *la littérature*
e Literaturmesse, -n *la foire de la littérature*
e Livesendung, -en *l'émission en direct*
e Loge, -n *la loge*
e Messe, -n *la foire*
mit·wirken *collaborer / apporter son concours*
s Musikstück, -e *la pièce musicale*
neugierig *curieux*
r Opernball, ¨e *le bal de l'opéra*
e Opernwelt *le monde lyrique*
s Orchester, - *l'orchestre*
s Passionsspiel, -e *la Passion*
e Pest *la peste*
präsentieren *présenter*
s **Publikum** *le public*
reich *riche*
die Reichen und die Schönen *les riches et les élégants*
s Rekordjahr, -e *l'année record*
e Rekordzahl, -en *le chiffre record*
e Rockmusik *la musique rock*
e Rolle *le rôle*
eine große Rolle spielen (= sehr wich-

tig sein)   *jouer un grand rôle (= être*
très important)
s Schauspiel, -e   *le spectacle*
r **Schauspieler, -**   *l'acteur*
r Sitzplatz, ¨e   *la place assise*
solange   *tant que*
staatlich   *municipal*
r **Star, -s**   *la star*
r Stehplatz, ¨e   *la place debout*
Tausende   *des milliers*
r Teil, -e   *la partie*
der größte Teil   *la plus grande partie*
Theaterleute (pl)   *les gens du théâtre*
r **Titel, -** (= Buch, Buchtitel)   *le titre (=*
livre, titre de livre)
töten   *tuer / décimer*
r/e Überlebende, -n (ein Überlebender)
le survivant (un survivant)
umsonst   *gratuit*
Der Eintritt ist nicht gerade umsonst.
L'entrée n'est pas vraiment gratuite.
unter freiem Himmel   *en plein air*
e **Veranstaltung, -en**   *la manifestation*
s Versprechen, -   *la promesse*
(im) Voraus   *(à l')avance*
s Vorspiel, -e   *le prologue*
e Vorstellung, -en   *la représentation*
die Vorstellungen der Bayreuther
Festspiele   *les représentations du*
festival de Bayreuth
r Walzer, -   *la valse*
e Weise, -n   *la manière*
in irgendeiner Weise   *d'une manière*
quelconque / d'une manière ou d'une
autre
weltweit   *mondial*
wirklich   *vraiment*
Nicht jeder hält das wirklich für Kunst.
Tout le monde ne considère pas cela
vraiment comme de l'art.
woanders   *ailleurs*
zusammen·setzen   *se composer*
r Zuschauer, -   *le spectateur*
r **Zweifel, -**   *le doute*
ohne Zweifel   *sans aucun doute*

Seite 191

aus·stellen   *exposer*
jedes Mal   *chaque fois*
s Kunstwerk, -e   *l'œuvre d'art*

Seite 192

r Actionfilm, -e   *le film d'action*
r Agentenfilm, -e   *le film d'espionnage*
enttäuscht   *déçu*
r **Inhalt, -e**   *le contenu*
r Jazzclub, -s   *le club de jazz*
Kopfschmerzen (pl)   *le mal de tête*
r **Liebesfilm, -e**   *le film d'amour*
e Liebesgeschichte, -n   *l'histoire d'a-*
mour
e Operette, -n   *l'opérette*
r Wochentag, -e   *le jour de semaine / le*
jour ouvrable
r **Zweck, -e**   *le but (= le sens)*
es hat keinen Zweck   *cela n'a pas de*
sens

Seite 193

r Akt, -e   *l'acte*
der zweite Akt   *le deuxième acte*
altmodisch   *désuet*
aus·drücken   *exprimer*
blättern   *feuilleter*
s Bühnenbild, -er   *le décor*
desto → je desto   *plus … plus*
r Deutschunterricht   *le cours d'allemand*
dürfen   *devoir*
das dürfte der Mund sein   *ça devrait*
être la bouche
e Erzieherin, -nen   *l'éducatrice*
e **Figur**   *le personnage*
eine ironische Figur   *un personnage*
ironique
fremd   *étranger*
das fremde Geschwätz   *le bavardage*
étranger
r Frisörsalon, -s   *le salon de coiffure*
r Gärtner, -   *le jardinier*
gelangweilt   *négligemment*

s Geschwätz   *le bavardage*
gut tun   *réussir*
e Hecke, -n   *la haie*
e Ironie   *l'ironie*
ironisch   *ironique(ment)*
je … desto   *plus … plus*
  Je länger man hinsieht, desto mehr
  Appetit bekommt man.   *Plus on
  regarde, plus on est en appétit.*
r Klassenraum, ⁻e   *la salle de classe*
können   *pouvoir*
  Das kann keine Kunst sein.   *Cela ne
  peut pas être de l'art.*
  Das könnte ein Auge sein.   *Cela
  pourrait être un œil.*
r Korbsessel, -   *le fauteuil en rotin*
s Lehrerpult, -e   *le pupitre du
  professeur*
e Lektion, -en   *la leçon*
e Miss   *la miss*
müssen   *devoir*
  Das muss Kunst sein.   *Cela doit être
  de l'art.*
  Das müssten 66 Äpfel sein.   *Cela
  devrait faire 66 pommes.*
naiv   *naïf*
s Papier, -e   *le papier*
proben   *répéter*
e Schere, -n   *les ciseaux*
sollen   *devoir*
  Das soll Kunst sein?   *Cela doit être de
  l'art?*
s Stationsgebäude, -   *le bâtiment de la
  gare*
e Theaterprobe, -n   *la répétition
  théâtrale*
verschlafen → **verschlafen, verschläft,
  verschlief, hat verschlafen**   *endormir, endort, endormait, endormit, est
  endormi*
  ein verschlafener Bahnhof   *une gare
  endormie*
voller   *plein de*
  Ein Tisch voller Bücher.   *Une table
  pleine de livres.*

e Wandtafel, -n   *le tableau*
e Wärterin, -nen   *la surveillante*

Seite *194*

e Folge, -n *(einer Fernsehserie)*   *la série*
husten   *tousser*
nebenan   *à côté*
riechen, riecht, roch, hat gerochen
  sentir, sent, sentait, sentit, a senti
  die Oma riecht gegrillten Fisch
  *grand-mère sent (= hume) le poisson
  grillé*

Seite *195*

absolut   *absolument*
  Absolut!   *Absolument! Tout à fait!*
e Badekleidung   *le maillot de bain*
e Darstellung, -en   *la représentation*
eher   *plus / plutôt*
  eher modern als klassisch   *plus
  moderne que classique*
eindrucksvoll   *impressionnant*
furchtbar   *affreux*
  Es ist furchtbar gewesen.   *C'était
  affreux.*
e Handlung, -en   *l'action*
hervorragend   *super / remarquable*
r Minirock, ⁻e   *la minijupe*
r Quatsch   *les foutaises*
raten, rät, riet, hat geraten   *deviner,
  devine, devinait, devina, a deviné*
  lass mich raten   *laisse-moi deviner*
r Revolutionär, -e   *révolutionnaire*
sollen   *vouloir dire*
  Was soll der Quatsch?   *Que veulent
  dire ces foutaises!*
s Talent, -e   *le talent*
s Temperament, -e   *le tempérament*

Seite *196*

auf·bauen   *réorganiser*
  die Industrie wieder aufbauen   *réorganiser l'industrie*
r Bahnsteig, -e   *le quai*

80

bereiten *préparer*
  einen Empfang bereiten *préparer un*
  accueil / une réception
e Bevölkerung, -en *la population*
r Empfang, ¨e *l'accueil / la réception*
  einen begeisterten Empfang bereiten
  préparer un accueil enthousiaste
e Gemeinschaft, -en *la collectivité*
geschehen, geschieht, geschah, ist
  geschehen *se produire, se produit,*
  se produisait, se produisit, s'est pro-
  duit
e Großstadt, ¨e *la grande ville*
e Großzügigkeit *la générosité*
e Heimat *la patrie*
e Inhaltsangabe, -n *l'indication de con-*
  tenu
e Jugend *la jeunesse*
e Komödie, -n *la comédie*
e Milliardärin, -nen *la milliardaire*
e Moral *la morale*
r Schnellzug, ¨e *le train express*
s Städtchen, - *la petite ville*
e Studentenaufführung, -en *la repré-*
  sentation par des étudiants
unterstreichen *souligner*
s Verhältnis, -se *la condition*
  arme Verhältnisse *conditions de pau-*
  vreté

Seite 197

---

andererseits *d'un autre côté / d'autre*
  part
applaudieren *applaudir*
aus·wandern, ist ausgewandert *émigrer,*
  a émigré
bar *comptant*
  eine Milliarde in bar *un milliard*
  comptant
e Bedingung, -en *la condition*
begehen, begeht, beging, hat begangen
  commettre, commet, commettait com-
  mit, a commis
  eine Tat begehen *commettre un acte*
  / une action

begreifen, begreift, begriff, hat begriffen
  comprendre, comprend, comprenait,
  comprit, a compris
e Bürgerversammlung, -en *l'assemblée*
  des citoyens
da·bleiben, bleibt da, blieb da, ist dage-
  blieben *rester là, reste là, restait là,*
  resta là, est resté là
dankbar *reconnaissant*
r/e Geliebte, -n (ein Geliebter) *l'amant*
  / la maîtresse (un amant)
e Gerechtigkeit *la justice*
großzügig *généreux / magnanime*
r Herzschlag, ¨e *la crise cardiaque*
s Kleidungsstück, -e *le vêtement*
kriegen *avoir*
  ein Kind kriegen *avoir un enfant*
r Ladenbesitzer, - *le propriétaire d'un*
  magasin
längst *depuis longtemps*
e Lebensgefahr, -en *le danger de mort*
e Lüge, -n *le mensonge*
r Milliardär, -e *le milliardaire*
r Mitmensch, -en *le prochain*
r Protest, -e *la protestation*
r Prozess, -e *le procès*
scheinbar *apparemment*
schuldig *coupable*
siegen *vaincre*
sitzen lassen *abandonner*
e Stadtverwaltung, -en *l'administration*
  municipale
e Strafe, -n *la peine*
e Summe, -n *la somme*
e Tat, -en *l'acte / l'action*
verantwortlich *responsable*
s Verhalten *le comportement / l'attitu-*
  de
e Versammlung, -en *l'assemblée*
verteilen *partager*
verurteilen *condamner*
weg·gehen, geht weg, ging weg, ist weg-
  gegangen *quitter, quitte, quittait,*
  quitta, a quitté

zwingen, zwingt, zwang, hat gezwungen *obliger, oblige, obligeait, obligea, a obligé*

Zusätzlicher Wortschatz im Arbeitsbuch
Vocabulaire complémentaire

e Anstiftung, -en *l'incitation*
auf der Stelle *à la place*
aufpassen *faire attention*
äußerst *extrêmement*
e Bücherei, -en *la librairie*
einschenken *verser à boire*
einschreiten *intervenir*
s Fach, ¨er *le compartiment / la spécia-lité / la branche / la matière*
gebunden *tenir (= lier)*
    an die Gesetze gebunden sein *être tenu par la loi*
s Gift, -e *le poison*
gründlich *fondamentalement / fon-cièrement*
kapiert *compris*
r Kriminalroman, -e *le roman policier*
e Macht *la puissance / le pouvoir*
s Märchen, - *le conte*
e Naturwissenschaft, -en *les sciences naturelles*
nüchtern *être à jeun / sobre*
protestantisch *protestant*
r Schriftsteller, *l'écrivain*
e Verhaftung, -en *l'arrestation*
vorliegen *exister / être présent*
vornehmen *entreprendre*
übertrieben *exagéré*
zukünftig *futur / à venir*

Lektion 20

Seite *198*

s Archiv, -e *les archives*
s Archivfoto, -s *la photo d'archives*
aus·ziehen, zieht aus, zog aus, hat ausge-zogen *enlever, enlève, enlevait,*

enleva, a enlevé
ein Kleidungsstück ausziehen *enlever un vêtement*
e Blumenwiese, -n *la prairie (fleurie)*
e Endhaltestelle, -n *le terminus*
s Kartentelefon, -e *le téléphone à carte*
e Kühlschranktür, -en *la porte du réfri-gérateur*
s Leitungswasser *l'eau du robinet (l'eau potable)*
r Möbelwagen, - *le camion de déména-gement*
e Nachttischlampe, -n *la lampe de che-vet*
passend *adéquat*
e Salatgurke, -n *le concombre*
r Schrankspiegel, - *le miroir de l'armoi-re*
e Schranktür, -en *la porte de l'armoire*
stammen *venir de*
um·ziehen, zieht um, zog um, ist umge-zogen *déménager, déménage, déménageait, déménagea, a démé-nagé*
e Wiesenblume, -n *la fleur champêtre*

Seite *199*

s Abteil, -e *le compartiment*
an·sprechen, spricht an, sprach an, hat angesprochen *s'adresser à, s'adres-se à, s'adressait à, s'adressa à, s'est adressé à*
    eine alte Dame ansprechen *s'adres-ser à une vieille dame*
besetzt *occupé*
    die meisten Stühle sind besetzt *la plupart des chaises sont occupées*
e Besserung *le rétablissement (= l'amélioration)*
    Gute Besserung! *Bon rétablissement !*
s Gepäckfach, ¨er *le compartiment à bagages*
jemanden *quelqu'un*
    jemanden nach der Uhrzeit fragen *demander l'heure à quelqu'un*

e **Mühe, -n**   *la peine / le mal*
  Mühe haben   *avoir de la peine / du mal à*
r Passant, -en   *le passant*
r Sitz, -e   *le siège*
  das Gepäckfach über den Sitzen   *le compartiment à bagages au-dessus des sièges*
verspäten (sich)   *avoir du retard*
vielmals   *bien des fois*
  Entschuldigen Sie bitte vielmals!   *Mille excuses!*
vor·stellen   *présenter*
  jemanden vorstellen   *présenter quelqu'un*
s **Wohl**   *la santé*
  Auf Ihr Wohl!   *À votre santé*
zum Spaß   *pour rire*

Seite 200

s Adjektiv, -e   *l'adjectif*
als Erstes   *pour commencer*
anfangs   *au début*
angeschwommen   *en nageant*
  angeschwommen kommen   *venir en nageant*
r Anhänger, - (Schmuckstück)   *le pendentif*
auf·fallen, fällt auf, fiel auf, ist aufgefallen   *remarquer, remarque, remarquait, remarqua, a remarqué*
e Deutschstunde, -n   *l'heure d'allemand (= le cours)*
r Ehering, -e   *l'alliance*
ehrlich   *honnête*
  um ehrlich zu sein, …   *pour être honnête, …*
e Eigenschaft, -en   *la propriété / le caractère*
e Fotografie, -n   *la photographie*
geheimnisvoll   *secret*
s Geschenkpäckchen, -   *le petit paquet-cadeau*
s Herzklopfen   *le battement de coeur*
hinein·gehen, geht hinein, ging hinein, ist

hineingegangen   *entrer, entre, entrait, entra, est entré*
hinzu·fügen   *ajouter*
e **Kette, -n (Schmuck)**   *la chaîne / le collier*
e **Kursleiterin, -nen**   *le professeur*
e Kursteilnehmerin, -nen   *l'élève (= qui participe au cours)*
e Lebenslust   *la joie de vivre*
melden (sich)   *lever le doigt*
  Da meldete sich Delila.   *Alors Delila leva le doigt.*
nebeneinander   *l'un à côté de l'autre*
nichts Besonderes   *rien de particulier*
s **Schaufenster, -**   *la vitrine*
r Schmuckladen, ⁼   *la bijouterie*
silbern   *en argent*
sozial   *social*
e Sprachbegabung   *le don des langues*
s **Symbol, -e**   *le symbole*
tiefblau   *bleu profond*
r Tiername, -n   *le nom d'animal*
e **Übung, -en**   *l'exercice*
r **Unterricht**   *le cours*
vorbei·kommen, kommt vorbei, kam vorbei, ist vorbeigekommen   *passer devant, passe devant, passait devant, passa devant, est passé devant*
  an vielen Geschäften vorbeikommen   *passer devant de nombreux magasins*
wasserblau   *bleu clair*
zärtlich   *tendre(ment)*
zu·rufen, ruft zu, rief zu, hat zugerufen   *crier, crie, criait, cria, a crié*

Seite 201

r Arm, -e   *le bras*
  sie nahm mich in den Arm   *elle me prit dans les bras*
blamieren *(sich)*   *se ridiculiser*
  …, weil ich mich vor Delila nicht blamieren wollte.   *…, parce que je ne voulais pas me ridiculiser devant Delila.*
r **Fortschritt, -e**   *le progrès*

r Gedanke, -n *la pensée*
Ich war mit meinen Gedanken bei
Delila. *J'étais avec Delila en pensée.*
s Glück *le bonheur*
Glück bringen *porter bonheur*
e Grammatik, -en *la grammaire*
s Holz, ¨er *le bois*
rot *rouge*
einen roten Kopf bekommen *rougir*
s Schmuckgeschäft, -e *la bijouterie*
r Schreck *la peur / la frayeur*
s Stofftier, -e *l'animal en tissu*
r Versprecher, - *le lapsus*
e Vokabel, -n *le vocabulaire*
zuvor *auparavant*
wie nie zuvor *comme jamais aupa-*
ravant

Seite 202

r Brieffreund, -e *le correspondant*
Deutschkenntnisse (pl) *les connais-*
sances d'allemand
r Englischunterricht *le cours d'anglais*
e Freude, -n *la joie*
führen *mener / tenir*
eine Unterhaltung führen *tenir une*
conversation
e Grammatikübung, -en *l'exercice de*
grammaire
s Griechisch *le grec*
s Heimatland, ¨er *la patrie / le pays*
natal
r Iraner, - *l'Iranien*
e Sprachschule, -n *l'école de langues*
s Tonbandgerät, -e *le magnétophone*
r Türke, -n *le Turc*
verwechseln *confondre*

Seite 203

e Art, -en *la sorte / l'espèce*
eine Art Pfannkuchen *une sorte de*
crêpe
r Ausweis, -e *les papiers d'identité*
r Beamte, -n (ein Beamter) *le fonc-*
tionnaire

falsch *mal*
etwas falsch verstehen *mal compren-*
dre quelque chose
s Fleischgericht, -e *le plat de viande*
komisch *drôle / étrange*
…, Deutsch sei eine komische Sprache.
…, que l'allemand est une drôle de
langue.
r Nebentisch, -e *la table voisine*
e Palatschinke, -n *= une espèce de*
crêpe
r Pfannkuchen, - *la crêpe*
e Pfeife, -n *la pipe*
e Portion, -en *la portion*
r Spanier, - *l'Espagnol*
Türkei *la Turquie*

Seite 204

r Bäckerladen, ¨ *la boulangerie*
dänisch *danois*
r Deutschlehrer, - *le professeur d'alle-*
mand
dienstags *le mardi (= tous les mardis)*
donnerstags *le jeudi (= tous les jeudis)*
r Elefant, -en *l'éléphant*
r Fernsehkoch, ¨e *le cuisinier à la télévi-*
sion
r Fleischkloß, ¨e *la boulette (quenelle)*
de viande
flirten *flirter*
s Flusspferd, -e *l'hippopotame*
friedlich *paisiblement*
s Frischobst *le fruit frais*
e Gartenliege, -n *la chaise longue*
impfen *vacciner*
r Innenhof, ¨e *la cour intérieure*
leicht *facile(ment)*
etwas leicht entdecken *découvrir*
quelque chose facilement
r Liebhaber, - *l'amant*
s Löwenbaby, -s *le lionceau*
r Nachtclub, -s *le nightclub*
s Nashorn, ¨er *le rhinocéros*
r Nebensatz, ¨e *la proposition subor-*
donnée

s **Nebenzimmer,** - *la chambre voisine / la pièce voisine*
r Neuschnee *la nouvelle neige*
e Nudelsuppe, -n *le potage au vermicelle*
r Nusskuchen, - *le gâteau aux noix*
e Schüssel, -n *la terrine / le saladier*
s **Spielzeug** *le jouet*

Seite 205

chinesisch *chinois*
s Computerlernprogramm, -e *le programme informatique d'apprentissage*
e Mittelstufenprüfung, -en *l'examen des connaissances niveau intermédiaire*
e **Partnerfirma, -firmen** *l'entreprise partenaire*
s **Praktikum, Praktika** *le stage*
r Privatunterricht *le cours privé*
r Selbstlernkurs, -e *l'auto-apprentissage*
r Videokurs, -e *le cours vidéo*
s **Zertifikat, -e** *le certificat*
e Zertifikatsprüfung, -en *l'examen du certificat*

Seite 206

als ob *comme si*
r Amerikaner, - *l'Américain*
an·merken *remarquer*
  sich etwas anmerken lassen *laisser remarquer*
aus·halten, hält aus, hielt aus, hat ausgehalten *tenir, tient, tenait, tint, a tenu*
  es nicht mehr aushalten *ne plus tenir*
faszinierend *fascinant*
s Halskettchen, - *la chaînette*
konzentrieren *concentrer*
mehrere *plusieurs*
  mehrere Male *plusieurs fois*
nach·schauen *regarder*
nichts weiter *plus rien*
scheinen, scheint, schien, hat geschie-

nen *sembler, semble, semblait, sembla, a semblé*
  er schien sich nicht weiter für mich zu interessieren *il semblait ne plus s'intéresser à moi*
spielerisch *ludique*
e Teilnehmerliste, -n *la liste des participants*
verabreden (sich) *se donner rendez-vous*
s **Zeichen,** - *le signe*
  ein Zeichen geben *donner / faire un signe*

Seite 207

hin·fahren, fährt hin, fuhr hin, ist hingefahren *aller, va, allait, alla, est allé*
lauter *tant de*
  vor lauter Aufregung *tant d'émotion*
rot werden *rougir*
e Urlaubsreise, -n *le voyage de vacances*
versprechen, verspricht, versprach, hat versprochen (sich) *faire un lapsus, fait, faisait, fit, a fait*
  er hatte sich versprochen *il a fait un lapsus / sa langue a fourché*

DIE Grammatik für die Grundstufe

avec exercices
de Monika Reimann
Traduction de Marie-Lys Wilwerth-Guitard
240 pages   ISBN 3–19–031575–2

**Une grammaire exhaustive, manuel de référence
et d'exercices dès le niveau débutant jusqu'au
*Zertifikat Deutsch***

- A utiliser indépendamment ou en
  complément d'une méthode
- Pour réviser, compléter ses connaissances
  et se préparer aux examens
- Le vocabulaire utilisé correspond aux
  exigences du *Zertifikat Deutsch*

Hueber – Sprachen der Welt
www.hueber.de